総理

山口敬之

幻冬舎文庫

総理

総理／目次

まえがき

戦地で受けた最初の洗礼

「シュシュシュシュシューン」

「ドドーン」

空気を切り裂く鋭い音の後、遠くで爆発音がして、直後にかすかな地鳴りを感じた。私は条件反射でENGカメラの録画ボタンを押した。右肩に担いだカメラの中のテープが、静かなモーターの駆動音とともに回り始めた。

報道カメラマンにとってバッテリーやテープは撮影の生命線だ。取材中に枯渇しないよう、平素はできるだけ節約する。しかし戦闘や災害取材が進行している状況下では別だ。いつロケット砲による攻撃が始まるか、いつ次の余震が来るか予測がつかない。気が付いてからでは遅いので、カメラマンは決定的瞬間をとらえるため手持ちのテープやバッテリーの残量を睨《にら》みながらカメラを回し続ける。

重苦しい静寂が5分ほど続いただろうか。

「グシュシュシュシューン」

「ドッ、ドーン」

今度はさきほどよりも格段に音が大きい。地響きも激しい。同行していた政府軍の兵士がクメール語で鋭く叫んだ。慌ててカメラを向けると、通訳が我々にささやいた。

「It's them! Jump into the trench.（奴《やつ》らだ！　塹壕《ざんごう》に飛び込め）」

低い木がまばらに生えるインドシナ半島特有の平原に開けた草野球場ほどの広さの広場には、ポルポト派によるロケット砲攻撃に備えて、長さ10メートル、深さ60センチメートルほどの急ごしらえの塹壕が地面に2本、弧を描いて掘られていた。取材チームを率いるTBSプノンペン支局の伊藤記者は、すでに手前の塹壕の底に入り込んで小柄な体をさらに小さく縮こめていた。塹壕を縁取るように積まれた土嚢《どのう》越しに、爆発音のした方角をうかがっている。

カメラ助手の山本君の姿が見当たらない。慌てて辺りを捜すと、少し離れた茂みの先で、ヘッドホンをつけて無防備に立っていた。そうだ、伊藤記者が顔出しレポートをするというのでその準備をしていたのだ。ヘッドホンを使って音声調整をしているため、ロケット砲の着弾音にも気が付かなかったのだろう。

「やまもっちゃん！　攻撃が始まったんだ。早く塹壕に入って！」

大声で怒鳴ると、隣の政府軍の兵士に胸を強くど突かれた。大声を出すなと言っているらしい。反政府勢力は、人間の気配や物音がする方向にロケット弾を打ち込んでくるから、攻撃が始まったら怒鳴るなどはもってのほかで、ただただ物音を立てずに待つしかないのだ。私の身振り手振りでなんとか異変に気が付いた山本君が来るのを待って、塹壕に入った。蒸し暑い静寂のなかで40分ほど待っただろうか。その後は、もうロケット弾は飛んでこなかった。我々4人は静かに塹壕を出ると、機材の撤収もそこそこに現場を離れた。

1992年、カンボジア。自衛隊による史上初の本格海外派兵に伴い、日本のマスコミ各社は次々と首都プノンペンに臨時支局を開設した。入社2年目の私は3月にカメラマンとしての赴任を指示され、5か月ほどカンボジア情勢を取材した。

日本の大手マスコミは、新聞・通信・テレビを合わせると16社にのぼるが、このほとんどすべての会社が臨時支局を構えた。さらに週刊誌やフリーランスの記者を入れると、ピーク時には数百人規模のジャーナリストや技術関係者がカンボジアに入った。首都プノンペンはもちろん、自衛隊がインフラ整備に携わるカンボジア中部のサマワ、さらに内戦が続く各地で、ベテランから若手まで気鋭の日本人記者達が取材合戦を繰り広げていた。

当時治安が比較的よかったプノンペンでは、決まりものの取材が一通り終わると日々の仕事はルーティンワークとなる。何か取材して送っても、東京のデスクからは「この絵は前にも見たよ」「何かスクープとか、目新しい独自映像が欲しいんだよなぁ」と催促される。戦地取材に自信のある記者達の視線は、おのずと内戦が続く北部や西部地域に向かっていった。

当時のTBSプノンペン支局長は毎日新聞出身の伊藤友治記者。アフリカ・ジンバブエの支局長として南アフリカの反アパルトヘイト運動を取材した経験を持つ、熟達の外信記者だ。あの日も、カンボジア政府軍と粘り強く交渉して、連絡将校に同行。ポルポト派と対峙《たいじ》する中部の最前線、コンポントムに辿《たど》り着いたばかりだった。

ポルポト派によるロケット砲攻撃という、カンボジア内戦を象徴する瞬間をカメラに収めた我々は、まだ昼前だったが急遽《きゅうきょ》プノンペンに戻ることにした。当時のカンボジアでは、映像素材はプノンペン市内の施設からしか送れなかったからだ。取材現場からプノンペン市内までは順調に行っても4時間前後はかかる。ほとんどが未舗装の悪路で、倒木やがけ崩れなどによる通行止めも珍しくはない道中だが、うまくすれば夕方のニュースにギリギリ間に合うかもしれない。運転手にできるだけ飛ばしてくれと頼んで、後部座席に乗り込んだ。大きくうねる泥道で車輪が轍《わだち》を外れるたびに激しくバウンドするカメラを必死に体で押さえ込みながら、プノンペンへの道を急いだ。

プノンペン北部にある伝送ポイントに着いたのは、夕方のニュースが始まる40分ほど前だった。古い小学校のような建物のがらんとした廊下を走って、国際伝送を担当するセクションに駆け込んだ。高さ2メートルはあろうかという、ブリキの躯体《くたい》にたくさんのメーターやレバーのついた、まるでタイムマシンのような機械にVTRのケーブルをつないで、東京・赤坂の外信部に映像信号が到着するのを祈るような気持ちで待つ。

「そっちのカラーバー（伝送用テスト画像）来たぞ！　テープ回してくれ」

「時間がなかったので、ノー編（撮影したテープをそのまま伝送すること）です」

古ぼけた送出機に埋め込まれた白黒のブラウン管モニターは、画面のところどころが色焼けしていたが、私が日中撮影した映像をはっきりと映し出した。グラグラと激しく揺れる画面が落ち着いて、カンボジア中部の長閑《のどか》な野原が映し出された後、しばらくしてドーンという音がはっきりと聞こえた。低く叫ぶ兵士、不安げな通訳、塹壕にしゃがみ込んだ伊藤記者。

緊迫の瞬間が過不足なく記録されていた。

「おい、山口、何だこれ？　すごいじゃないか！」

「ロケット砲の着弾音、聞こえましたか？」

「ドーンっていう音が入っているぞ！　夕方ニュースのトップでやるぞ！」

　平素は小言がちの外信デスクも電話の向こうで興奮していた。伝送は15分ほどで終わった。あとは、20分後に始まる夕方のニュースで、送ったばかりの映像が無事放送されるのを待つばかりだ。当時のプノンペンでは、日本の放送をリアルタイムで視聴する手段がなかったため、伝送基地に残って夕方ニュースの音声だけを携帯電話で聞いた。TBSは戦地や辺境地の取材者や衛星中継の支援のため、放送の音声を電話で聞けるようにしていたのだ。さっき送ったばかりのロケット砲の着弾音や、政府軍兵士や通訳の緊迫したやり取りが電話越しにはっきりと聞こえた。安堵《あんど》とともにどっと疲労感が襲ってきた。山本君と一緒に伝送基地を離れようとした時、もう一度伝送基地の電話が鳴った。東京の衛星担当デスクからだ。TBSの放送を見たロイター通信東京支社から「ぜひ映像を使わせて欲しい」との依頼が来たのだという。自分の撮った映像が、世界に配信される。入社3年目の駆け出しカメラマンだった私にとって世界配信は初めての経験だった。何ともいえない高揚感と達成感を噛《か》みしめながら支局に戻ると、原稿を送るため一足先に支局に戻っていた伊藤記者がなにやら電話口で怒鳴っている。

「ちゃんと事前に報告しましたよ！」

「リスクをとらなきゃスクープなんかとれませんよ」

「命削ってスクープとって、一人も怪我《けが》なく帰ってきて、開口一番そんなこと言われたんじゃ皆やる気をなくしますよ‼」

受話器を投げつけるようにして電話を叩《たた》き切った伊藤記者に顚末《てんまつ》を聞くと、放送を見た会社幹部から「何であんな危険なところにクルーを派遣したんだ」と非難されたのだという。

「我々は何も悪くないから気にしなくていい。完全なスクープだ。今やロイターが国際配信して、世界中の人が山口君の映像を見ているんだ。戦地取材をしたこともない人間が、危機管理という言葉の意味もわからないまま闇雲に文句を言ってるだけなんだ」

いつもはニコニコと笑顔を絶やさない伊藤記者の顔は青ざめ、声は震えていた。ガタガタと貧乏ゆすりを続ける伊藤記者の右足が、テーブルの上のミネラルウォーターを揺らしている。私は、入社以来の夢だった国際的なスクープ映像をものにした高揚感が急速にしぼむのを感じた。

「取材対象に肉薄する」という記者の本能と、「リスクを忌避する会社組織」。この矛盾と相克が、この後20年以上にわたって企業ジャーナリストである私を苦しめようとは、この時は知る由もなかった。

政治記者となっても形を変えて続いた葛藤

このカンボジアでの経験の後、私は1993年にロンドン支局に派遣された。英国や欧州にとどまらず、中東、アフリカ、ロシアなどもカバーエリアだったため、ルワンダ内戦や中東紛争、ロシアの政変、G7サミット、ペルー日本大使公邸事件など、多くの内戦や紛争、国際政治の現場を取材した。足掛け4年にわたる支局員生活を終えると、社会部に配属され警視庁や運輸省記者クラブなどを担当した後、2000年に政治部に異動となった。その後は自民党、官邸、外務省、野党といった政治部が担当するほとんどすべての記者クラブを巡り、幹事長番、官房長官番、外務省キャップ、官邸キャップなどありとあらゆる政治記者の担務を経験した。この16年の間に多くの与党政治家、野党政治家、秘書、官僚、防衛省制服組、フィクサー、民間企業の政治担当者など、日本政治の中枢に関わる様々な人種と出会い、交流し、盃《さかずき》を交わし、すれ違い、対立した。

そして、時には政局を決定づける重要な会合に立ち会い、あるいは政治家の歴史的選択の瞬間を目撃し、ある局面ではスクープを書き、ある局面では書かなかった。その報道成果は、表向きは社内外から高く評価され、ＴＢＳの内部表彰でいえば、最高の報奨である社長賞２回をはじめ、役員報奨・報道局長賞・政治部長賞など現在確認できるだけで39回の表彰を受けた。

一方で、政治部での表彰が重なるにつれ社内では、「政治家との関係が近すぎる」と批判する者が出てくるようになった。政治部では毎日のように「取材対象に食い込め！」と言われるのに、いざ食い込んでみると「近すぎる」と批判されるのは納得がいかなかった。しかも直接批判する者は一人もおらず、いつも私のいないところで陰口のようにそれは繰り返された。私はこうした陰湿な誹謗《ひぼう》には反論するすべを持たなかったし、反応する必要もないと思っていた。

安倍晋三を見つめた16年――政治記者としての記録

これから本編で書こうとするものは、私が２０００年に政治記者となった直後から見てきた安倍晋三氏と彼を取り巻く人間模様である。初めて安倍氏と会ったのは小泉純一郎内閣の安倍官房副長官番、いわゆる「番記者」という立場の時であった。安倍氏と私は一回り違いの午年《うまどし》で、出会った当初からウマが合った。時には政策を議論し、時には政局を語り合い、時には山に登ったりゴルフに興じたりした。安倍氏は官房副長官から自民党幹事長、官房長官と異例のスピードで出世し2006年に戦後では最年少の宰相となる。そして1年後、病に倒れ、2012年12月に返り咲く。私は安倍晋三という政治家の栄光と挫折そして復活を、足掛け16年にわたって至近距離で見てきた。

こうした経験を通じて私が確信するのは、現在の安倍政権の骨格や行動を支える「芯」は、2007年の第一次安倍内閣が崩壊してから5年後の総裁選に再出馬するまでの復活過程において徐々に形作られたということだ。その過程で一貫して重要な役割を果たし、現在も政権の屋台骨を支えているのが麻生太郎副総理兼財務大臣と菅義偉官房長官である。

今、巷《ちまた》には長期政権を維持している安倍政権に対する批判と称賛が交錯している。特に護憲・反原発といったリベラル勢力からは「アベ政治を許さない」などというキャッチフレーズを伴って辛辣な政権批判が繰り返されている。しかし、こうした反安倍勢力も、あるいは親安倍勢力も、安倍政権がどのように国家運営に向き合い、何を悩み何を目標としているのかをほとんど知らず、知ろうともしない人が大多数である。事実に基づかない論評は、批判も称賛も説得力を持たない。結果として、安倍政権に対して繰り返される論評の多くが、特定のイデオロギーを支持し特定の政治集団に属する勢力による、プロパガンダと断定されてもしょうがない中身となる。

他方、政権中枢で何が行われているのか、その赤裸々な姿が政治家自らの口から語られることはほとんどない。だから、一般国民は、断片的な情報と色のついたプロパガンダのなかから、より真実に近いピースを拾い集め、おぼろげな政権像を類推するしかない。

本書を執筆する第一の目的は、私が至近距離で目撃してきた安倍晋三と安倍政権のキーマン達の発言と行動を詳《つまび》らかにし、読者に「宰相とはどんな仕事か」「安倍晋三とはどんな人物か」「安倍政権はどのように運営されているのか」を広く知っていただくことにある。それが、「宰相にはどのような人物がふさわしいのか」「ポスト安倍に誰を選ぶべきか」を考える一助になればと思う。

第二の目的は、ジャーナリズムの果たすべき役割を考える材料を提供することである。ある地域で国際紛争が起きた時、命を賭して最前線に飛び込みその実相に肉薄しようとするジャーナリストがいるからこそ、国際社会は紛争が発生した事実や、紛争地域で何が起きているかを知ることができる。そして、一般の人が容易には立ち入れないエリアにジャーナリストが入りその様子を記録し伝えるという意味では、政治取材も変わらない。加えて、政治はその最も重要な局面において、主役である政治家の個性や信念が事態の展開を左右し、それが国民生活及び社会の成り立ちに影響を与える。であるならば、その究極の人間ドラマに登場する人物に迫ることこそが、政治の実相を知るために必要欠くべからざる作業となる。政治家に肉薄した記者が、政権中枢における目撃と体験を公開することで初めて政治のリアリティが国民に伝わる。

その一方で、あらゆる取材はその対象に接近すればするほどリスクが高まる。紛争取材においてジャーナリストが危険にさらすのは自らの生命であるのに対して、永田町取材において政治記者が危険にさらすのは自らの人格である。政治家に肉薄すればするほど、「政権にすり寄るポチ」「政治家の太鼓持ち」などといった誹謗中傷の対象となる。

もちろん、政治家に接近するために不正な手段を用いたり、親しくなった政治家の提灯《ちょうちん》記事を書いたりするのであれば言語道断だし、そういう人物はもはやジャーナリストではない（親しくないからといって知りもしないことや事実を歪《ゆが》めて政治家を攻撃するのもジャーナリズムではない）。

その一方で、「取材対象との距離が近い＝不適切」という類《たぐい》の批判には私は断固反対する。遠巻きに見ているだけでは政治の現場で何が起きているのか、重要な部分は全くわからない。最前線の現場に突っ込んでいってこそ、生身の政治家の息遣いを感じ、政治の本当の力学を知ることができる。そして、政治家との信頼関係を築けないと最前線に陣取れない。朝回り夜回りや会見・懇談といった通常の取材はもちろん、時には酒を酌み交わし時には休日を一緒に過ごして、政局を読み政策を議論する。こうした交流を通じて政治家と記者は互いの長所と欠点を知り、持っている情報ネットワークを把握し、人間として対峙する。そして本当の信頼関係を築いた人間同士は、相手が間違っていると思ったら率直な意見を言えるはずである。一度でも政治家とこういう関係を築いたことのある記者は、「取材対象との距離が近い＝不適切」とは決して言わない。枢要な政治家には必ずこうした対等な関係を維持する記者がいるものである。

「取材対象に肉薄する」というジャーナリズムの本能と機能が国民の思考と判断を支える一助となっているか。そしてその一例である本書が、プロパガンダでなくジャーナリズムの仕事に属するものであるかどうかを、読者に判定してもらいたいと思っている。

第1章　首相辞任のスクープ

永田町の虚を衝いた速報

「総理は今日これから辞任する。用意してあるスーパー（速報字幕）を今すぐ打ってください」

「何だって？　おい、大丈夫か。誤報だったら社長の首が飛ぶぞ。裏はとれているのか？」

「つべこべ言わずにすぐ打てよ」

私は電話をつないだまま待った。TBSは昼の情報番組を放送している。やけに長い十数秒が経《た》ち、「遅いじゃないか、何グズグズしてるんだ」と電話口で怒鳴ろうとした瞬間、ピッピ、ピッピ、ピッピ、というTBSのニュース速報を伝えるジングル（速報音）が鳴った。

――安倍首相、辞任の意向を与党幹部に伝える
3日前から推敲《すいこう》を重ねていたスーパーが無事放送されたのを確認して、官邸記者クラブのTBSブースに電話を掛けた。私はこの日の朝、クラブの共用テレビの画面をTBSに合わせ、ボリュームを上げておくよう後輩記者に指示していたのである。

「速報見たか？」

「クラブは静まり返っています！　朝日新聞のキャップが携帯を持って今飛び出していきま

した！」

「総理会見がセットされるから、官邸の広報で張っててくれ」

「今日辞任会見があるんですか？」

「当たり前だろ」

泊まり勤務明けだった私は、各方面との機微に触れる電話でのやり取りを他社にも同僚にも聞かれたくなかったので、朝から自宅に籠城していた。後輩との電話を切ると、一仕事終えた充実感と疲労感に満たされながら背広に着替えて官邸に向かった。

２００７年9月12日12時48分20秒。ＴＢＳ報道局はマスコミ各社に先駆けて安倍首相の辞任を速報した。首相の辞任と衆議院の解散は、永田町に生息するすべての人種にとって超ド級の特ダネであり、もしこれを抜けたら（＝他社に先駆けて報道できたら）、政治記者にとって究極のスクープである。

新聞・通信・テレビなど主要メディアの政治部は、総理官邸、与野党、そして外務省や防衛省といった中央省庁などに記者を分散配置している。それぞれの記者クラブには、社によって規模の違いはあるが、全体を統括するキャップと補佐役のサブキャップ、そしてその下に兵隊の記者がいる。官邸クラブでいえば、官房長官や3人の官房副長官、総理補佐官、内閣官房参与、内閣情報官など官邸の主要メンバーを担当する「番記者」が置かれる。そして通常官邸クラブで一番若い記者は、「総理番」として総理大臣の日々の一挙手一投足、いわゆる「総理動静」を取材する。一方、政党担当の記者クラブでは、キャップの下に党幹部の役職ごとに幹事長番、政調会長番などが置かれるほか、各派閥や議員グループごとに担当が配置され政治家の動きを日々ウオッチする。

それぞれの記者は、平時は自分の持ち場で担当の政治家や官僚をカバーする。具体的には、出勤・帰宅時間を狙って話を聞く「朝回り・夜回り」にはじまり、各種記者会見や懇談に出席し、情報メモや原稿を書く。会見や懇談などは記者用語では「平場《ひらば》取材」と呼ばれ、担当記者であれば誰でも取材できるので、独自の情報をつかむことはできない。そこで一渡り平場取材ができるようになった記者は、力のある政治家や情報感度の高い官僚などに接近し、「いかに他社に先駆けて独自の情報をキャッチするか」をテーマに、自らの情報ネットワーク作りに日々励むのである。

しかし、ひとたび「総理辞任」「解散総選挙」といった政治の一大局面が近いという観測が流れると、永田町の空気は一変し「有事モード」に入る。「総理は辞任するのか」「解散に打って出る可能性はあるのか」。すべてのメディアのすべての政治記者が日頃培った人脈を駆使して「最高権力者の次の一手」の糸口を探るために奔走する。新聞・通信・テレビといった従来メディアに加え、インターネットメディア、週刊誌、フリーランスなどを加えると1000人は下らないともいわれる永田町の政治記者達の、目という目、耳という耳が、わずかな信号も逃すまいと躍起になる。特定の敏腕記者が中枢の政治家から決定打となる極秘情報を入手することもあるし、そうしたソースを持たないメディアは各記者が集めてくる断片的な情報メモの中から、キャップやデスクが真贋《しんがん》をかぎ分け全体の流れをつかもうとする。この取材合戦と推理ゲームには、政局に関わる政治家・官僚・秘書といった関係者もこぞって参戦し、結果として永田町全体が究極の情報戦のバトルフィールドと化すのである。

当時の安倍政権は参議院選挙で惨敗したものの内閣改造を敢行し支持率も4割前後に回復していただけに、永田町では「安倍首相が辞任することは当分ない」という見方が支配的で、いわば「平時モード」だった。特に9月12日は、2日前に行われた安倍の所信表明演説を受けた各党の代表質問が午後から予定されていたこともあり、関係者の常識からいって首相が辞任を決断するとは到底考えられないタイミングだった。TBSの速報は、永田町で情報合戦に鎬《しのぎ》を削る記者・関係者のほとんどの虚を衝《つ》く形となった。印象的だったのはベテラン政治家・亀井静香の反応である。国会内でTBSの速報内容について知らされると、「え？嘘《うそ》でしょ？　これから代表質問だよ？　何かの間違いでしょ？」と訝《いぶか》る映像が繰り返し放送された。

永田町を知り尽くした老獪《ろうかい》な政治家をも驚かす速報を打った直後から、私の携帯は鳴りっぱなしとなった。掛けてくるのは、主にかねて付き合いのある与野党の政治家、秘書、官僚達だった。彼らは異口同音にこう叫んだ。「総理が今日辞めるなんて、あり得ないんじゃないですか⁉」。いつもは冷静沈着な永田町の精鋭達が、安倍辞任という知らせに対する驚愕《きょうがく》を隠せないでいた。彼らの口調には、自らのアンテナに引っかかってこなかった「有事」が誤報であって欲しいという、苛立《いらだ》ちと祈りが込められていた。

しかし確かに予兆はあったのだ。辞任に先立つ3週間ほど前から、いくつかの小さな出来事が、永田町の注意深い観察者にだけ、首相の異変を静かに告げていた。

2007年参院選前夜――揺れる安倍を激励し続けた麻生

「原爆しょうがない」発言で批判の集中砲火を浴びていた久間章生防衛大臣が7月初めに辞任し、年金記録問題も拡大の一途を辿るなど、2007年夏の参院選直前の安倍政権には逆風が吹き荒れていた。マスコミ各社の世論調査では、参院選での自民党の獲得議席が40を下回る大惨敗を喫すると予測していた。

大手メディアの政治部は、国政選挙のたびに相当のヒトとカネをかけて「情勢調査」を行う。このうち、投票日前に行われる客観的調査は、電話による有権者からの聞き取りと、不在者投票所での出口調査（投票を終えて出てきた有権者に、投票内容を尋ねる調査）だ。電話調査も出口調査もカネがかかるが、選挙の情勢を分析する際の基礎データとなるだけに、ある程度の頻度で繰り返し行われる。こうした客観的なデータのほかに、各選挙区を担当する政治記者の取材情報と、自民・公明・共産といった組織的に各種選挙情報を集約している政党から得る情報を加味して、全体の情勢を刻一刻と追いかけるのだ。

7月26日、私は逆風の渦中にあった安倍と東京・富ヶ谷の私邸でじっくり話す機会があった。白いサマーセーターにチノパンというくつろいだ姿でリビングルームのソファに腰かけた安倍は、厳しい選挙戦の只中《ただなか》にあったが、至って冷静で落ち着いているように見えた。この日は、直前の週末に自民党が行った電話調査の数字が上がってきたばかりだった。激戦とされる選挙区の有権者にランダムに電話を掛けて誰に投票するかを尋ね、その結果を積み上げているだけにデータとしての信頼度は比較的高い。この日に出た調査では、自民党の獲得予測議席数は46。その2週間前に行われた同様の調査では43だったから、表面的には「自民党への逆風は底を打った」ともとれる調査結果だった。私は自民党の議席が40を上回る可能性は極めて低いとみていたから、正直にこう言った。

「自民党の調査はちょっと甘すぎるんじゃないですか？」

「うーん、確かに自民党でやる調査は甘めに出ることが多いんだよね。特に参議院だと、衆議院ほど詰めた調査ができないし」

「40に乗るかどうか、というのがマスコミ各社の今の相場だと思いますよ」

「うーん。ただ、僕達がこの手の調査で重視するのは、個別の選挙区の積み上げもさることながら、『全体の傾向』なんだよね。矢印が上向きか下向きか」

確かに43から46という数字が情勢を正しく反映しているなら、上向きといえないこともない。

「年金問題も収まりつつあるし、腰が重かった全国各地の衆議院議員の支部もようやく動き出したんじゃないか」。潰瘍性大腸炎という難病を抱えて体調の悪化が始まっていた安倍だったが、この日の情勢調査を受け「諦めるのはまだ早い」と自分を鼓舞しているように見えた。

安倍の揺れる心を知ってか知らずか、自民党の執行部が同じ調査から導き出した結論も、「自民党に対する逆風は底を打ち、わずかながら反転攻勢の兆しが見られる」と総括していた。ところが、安倍のささやかな安堵は一晩で水泡に帰した。翌日自民党本部が入手した某新聞社の調査が、全く違う「傾向」を示していたからだ。これによると、自民党の予想獲得議席数は前回の調査から大きく下がって38。40の大台を下回ってさらに逆風が強まっているという衝撃的な調査結果だった。この数字に触れた麻生太郎は、私に電話を掛けてきてこう漏らした。

「自民党の数字より、こっちの方がより現実に近いんじゃないか」

「マスコミ各社のなかで40を上回るという見方をしている社は一つもないと思います」

「だろ？　自民党の調査は甘すぎるんだよ。安倍の側近も希望的観測ばかりだろ。最悪の事態を想定した上で戦略を立てないと、後で痛い目にあうぞ」

麻生のドスの利いた声は、選挙応援で全国を飛び回っていただけに迫力を増していた。各選挙区で自民党に吹き荒れる逆風を体感していた麻生は、選挙情勢は日に日に厳しくなっていると肌で感じていたのだ。

選挙戦最終日の7月28日。マスコミ各社の不在者投票のデータや情勢調査が刻々と積み上がるにつれて、競っていたはずの選挙区の敗北が次々と判明していった。麻生の予想した通りの歴史的惨敗が避けられない現実として突きつけられるなか、安倍は麻生に電話を掛けた。

「麻生さん、これから会えませんか」

「総理、僕は今選挙応援で北九州におりまして、東京に戻るのは明日なんですよ」

麻生は平素、同僚や後輩の政治家に敬語は使わず、親しみを込めて砕けたべらんめぇ口調で話す。しかし安倍が総理・総裁になった瞬間、麻生は安倍にきちんとした敬語を使うようになった。首相という孤独な仕事に携わる安倍への、麻生流の敬意の表現だった。

「あぁ、そうなんですか……」

落胆を隠せない安倍の口調から、進退をめぐる相談だとピンときた麻生は安倍に対し、電話で3つの助言をした。

- 仮に自民党の獲得議席が30台でも、泰然とした態度で続投を表明すること。
- 民主党の人事が終わるまでは、自民党の人事に手をつけないこと。
- 「直近の民意を尊重し、民主党の政策論議を見守る」という姿勢を強調すること。

麻生は安倍が総理として取り組んできた内容を評価しており、ねじれたくらいで辞めるべきではないとの立場だった。一方で永田町関係者の間では、「40議席を割り込んだら、安倍総理は辞任するのではないか」という観測が急速に広がっていた。そして、安倍の意向とは別のところで、安倍の出身派閥である清和会内部からも、安倍下ろしに向けた不穏な動きがあった。続投を強く進言した麻生は、安倍の応対に一抹の不安を感じていたこともあり、投票日当日午後、福岡空港から安倍に電話を入れている。そして羽田空港に到着すると総理公邸に直行した。到着したのは17時すぎだった。選挙結果の大勢が判明する21時頃までは公邸で待機しているつもりだった安倍は、玄関口で麻生を迎えた。その表情は、疲労の色は隠せないものの、極めて落ち着いており、麻生の目には達観しているようにも見えたという。

応接間のソファに座った麻生は、開口一番こう言った。

「総理、吉田茂は首相在任期間の後半、ねじれどころか少数与党に転落していたことをご存じですか？　1953年のバカヤロー解散で負け、吉田茂は衆議院でも過半数を失ったんです。しかしその状態で1年半政権を持ちこたえました。そしてその間に、アメリカとの相互安全保障法に基づくMSA協定や、自衛隊の創設など、戦後日本の礎となる多くの重要法案を通したんです。ねじれたからといって総理大臣が辞めなきゃいけないということは一切ない。支持率は今が底です。これ以上は下がりませんからじわじわと上げていけばいいんです。ねじれを楽しむという心構えが大切です」

麻生の祖父、吉田茂は占領下の日本の復興を指揮し、圧倒的な指導力で政局を乗り切った強いリーダーという印象が強い。そこを逆手にとって、バカヤロー解散と総選挙惨敗後の吉田茂の政権運営について語ったのである（ちなみに安倍の祖父、岸信介はそのバカヤロー解散による総選挙で初当選を果たしている）。自らの祖父の例を持ち出してまで激励したのは、安倍が続投する気なのか、麻生にすら真意が読み切れなかったからだ。麻生の説得と激励は1時間以上に及んだ。

麻生が安倍を鼓舞している最中、安倍の携帯が鳴った。幹事長の中川秀直からだった。

「森さん、青木さんと話し合いました。今すぐお会いしたい」

森喜朗元首相と青木幹雄参院会長はこの時期、安倍を辞任させて福田康夫を次期首相に据えようと目論《もくろ》んでいたものとみられていた。中川の訪問が安倍への辞任要求であることは明らかだった。安倍は中川に対し、

「麻生さんがお見えになっていますから、今は無理です」と答えた。麻生は早くから安倍の続投支持を公言していた。安倍が「麻生さんと面会中」と中川に伝えたのは、麻生の名前を出すことで、すぐには面会しない意向を伝えると同時に、辞任しない意向も強くにじませたのだ。この安倍の応対は、麻生を安心させた。

別れ際、安倍は月末の内閣改造と臨時国会の召集を約束した。麻生は、安倍の続投に向けた具体的な発言を直接聞けたので、わざわざ会いに来てよかったと思った。ひとまず安倍は、麻生のアドバイスを全面的に受け入れ、身内である中川による露骨な「安倍下ろし」にも、自分の目の前でファイティングポーズをとった。それでも公邸を出る麻生の胸には、何かザラザラとした違和感が残ったという。いつもは飄々《ひょうひょう》とした応対が持ち味の安倍が、この日は

明らかにどこか違っていたというのだ。続投は明言したものの、心の奥底に麻生にも見せない深い闇を抱えているようにも感じられた。

２００８年9月に自らも総理となった麻生は、総理大臣とは「どす黒い孤独」を背負わねばならない職業だと証言する。本当に大切なことを誰にも相談できず、ひとたび決断したら全責任を独りで負わなければならないからだという。そして麻生は実は、自らが首相になるはるか前から、宰相の孤独を目撃してきた。

１９５１年9月、時の宰相吉田茂は、サンフランシスコ講和条約の調印のためアメリカに向かう前夜、孫の麻生太郎にこう語った。

「お母さん（吉田茂の娘・麻生和子）を長い間（太郎から）取り上げて悪かった。（条約調印が）終わって帰ってきたら、また一緒に落語や動物園に行こう」

麻生はこれを聞いて、吉田は条約調印後に辞任するつもりなのかと、大変驚いたという。麻生10歳の時である。吉田茂は妻・雪子と１９４１年に死別した後、娘の和子を事実上のファーストレディとして内外のイベントに随行させた。総理大臣の外遊や賓客接遇のたびに和子を公務に就かせ、幼い太郎から母親を引き離したことを、訪米前日に改めて謝罪したのである。もちろんこのサンフランシスコ講和条約調印のための訪米にも、和子が私設秘書として同行した。サンフランシスコ講和条約は、今となっては日本の国際社会復帰という、肯定的な歴史として受け止められている。しかし調印直前の世論は、共産圏を含むすべての対象国との平和条約を目指す「全面講和」派と、自由主義陣営のみとの条約締結を急ぐべきとする「部分（多数）講和」派とで国論が二分され、激しい論争が巻き起こっていた。根強い異論を承知で多数講和を選択した吉田は、孫にこう語りかけたという。

「太郎、日本の歴史には小村寿太郎という人と、松岡洋右という人がいる。日露戦争後ポーツマス条約を締結して帰国した小村寿太郎に対しては、（戦勝国として十分な賠償を得られなかったとして）民衆から怒号が浴びせられ石が投げつけられた。一方、国際連盟を脱退して帰国した松岡洋右に対して当時のマスコミは『わが代表、堂々と退場す』と称揚し、帰国時には英雄として扱われたんだ」

このエピソードから、吉田はサンフランシスコ講和条約を締結して帰国したら、小村寿太郎のように怒号を浴びせられ辞任せざるをえない状況に陥る可能性が高いと考えていたことがわかる。宰相とは、たとえ民衆に糾弾されようとも、国家のために正しい判断をしなければならないということを、吉田茂は小学生の麻生太郎に切々と語ったのである。いざ条約を締結して帰国してみると、鈴なりの民衆が万歳を連呼して吉田を出迎えた。空港から都心に戻る車中でこの歓迎を目の当たりにした吉田は、複雑な表情を浮かべて終始無言を貫いたという。この時の吉田の様子を麻生に語ったのが、歴史的外遊に随行し、帰国時の車中でも隣に座っていた和子だったのである。

こうして、幼少の頃から「宰相の孤独」に触れてきた麻生にとって、参院選惨敗という結果を眼前にした安倍の様子は、単なる落胆とは違う状態に見えた。

「安倍さんの心には、辞任という選択肢が依然残っているのではないか。それは、ねじれや安倍下ろしなど政局的困難とは、本質的に別次元のものなのではないか」

この麻生の不安は、45日後に的中することになる。

私は安倍と面会した直後の麻生に会っている。

「安倍さんの様子はどうでしたか？」

「吉田茂が国会運営で苦しんだ話をして激励したんだよ」

「麻生さんが言うと説得力がありますね」

「どうせ党内からも雑音が増えてくる。安倍さんは心臓に生えている毛の本数が俺より少なそうだからな。お前も総理に会ったら辛気臭い話はしないで、元気の出る話をしろよ」

麻生が私にこんなことを言うのは初めてだった。麻生は直感でキャッチした安倍の内なる異変を、それとなく私に伝えたのだ。

麻生直筆の人事案――政治家の独特なコミュニケーション

参院選の結果は、37議席という予想を上回る惨敗だった。選挙前から「惨敗してねじれる」という最悪の事態を想定した上で、それでも続投すべきだと安倍を激励し続けた麻生と、「まだ勝つ可能性はある」と自分を鼓舞して参院選を闘った安倍。結果が大惨敗に終わり、それでも続投を決意した安倍にとって、その後の政局において麻生が最大の相談相手となるのは、当然の流れだった。

8月に入って1週間もすると参院選惨敗の混乱は一段落していた。安倍は麻生のアドバイス通り内閣改造と自民党の幹部人事を先送りして民主党の出方を見守った。この段階で安倍は、ねじれによって混乱が予想される党と国会の運営が最大の課題となると考え、麻生を次期幹事長に指名する方針を固めていた。

一方麻生は、7月30日から外務大臣としてASEAN（東南アジア諸国連合）の関連会議に出席するためフィリピンに向かった。私は外務省担当記者として麻生の外遊に同行した。8月1日にはマニラのホテルで、麻生に「部屋飲み」に誘われた。強靭《きょうじん》な体を誇る麻生は外遊先でも寝酒を欠かさない。平素は親しい友人や記者を部屋に招いてにぎやかに飲むが、この時は安倍の状況が心配だったのか、通常は同席する秘書や大使も入れず、私と二人きりだった。

「さっき総理から電話があった。声には張りがあって、元気そうだったぞ」

「いろいろと問題は山積してますがね……」

「うーん、やはり赤城（農水大臣）は先行してクビにせざるをえないと言ってたな」

参院選直前に事務所費問題でマスコミの集中砲火を浴び、さらに奇妙なバンソウコウ姿で会見を行った赤城徳彦は、参院選惨敗の主犯の一人だった。安倍は当初、混乱を避けるため月末の内閣改造までは人事をいじらない方針だったが、8月に入ってもスキャンダル報道に収まりがつかないので、赤城だけ先に更迭すべきか悩んでいた。この時期の安倍は、政局に関わる重要な判断については、外遊先にまで電話を掛けて麻生に自らの方針を伝えた。それは、もちろん麻生を次期幹事長にする前提での連絡だったが、続投を支持し全力で自分を支えてくれている麻生への、安倍なりの仁義の表現でもあった。

麻生は麻生で、安倍を激励しつつ、反対勢力の抑え込みにも奔走した。東南アジア歴訪を終えて帰国した麻生は8月5日日曜日、森元首相からの要請に応じて二人きりで面会した。森が安倍を辞めさせて福田を後釜に据えようと暗躍しているのはもはや周知の事実だった。いざ面と面を合わせると、森は些末《さまつ》な人事の話に低回してなかなか本題に入らない。痺《しび》れを切らした麻生は、機先を制するようにこう言った。

「安倍を下ろして福田を担ごうとしているなら、やめた方がいいですよ。私は前回の総裁選では麻生と書いたが、みんなで安倍を選んだんだから支えている。森さんは総裁選で誰の名前を書いたんですか？　安倍と書いたんでしょ？　その安倍が続投を決断したんだから、支えるのが筋じゃないですか？」

当時の私の取材メモによると、麻生vs森会談の翌日、安倍から私に電話が掛かっている。この頃自民党内では、複数の派閥領袖クラスから中堅若手議員まで辞任論が燻《くすぶ》り続けていた。なかでも安倍下ろしで中心的な役割を担っていたのが、森や中川秀直といった安倍の出身派閥である清和会の幹部クラスだったのである。そんななか、安倍は私にこう言った。

「明日（の両院議員総会で）は、続投に批判的な意見があることにも触れた上で、しっかりと続投の意思を示そうと思ってる」

そして、安倍は自分に言い聞かせるように、こう続けた。

「麻生さんは森さんも説得してくれた。そして俺に、『この政局を楽しむことです』と言うんだ。麻生さんの胆力には感嘆している」

政治家は、ほかの政治家と面と向かうとなかなか本音を口にできないものだ。これは批判ばかりでなく、感謝についても同様である。直接面会し改まって「ありがとうございます」

と言うのはなかなか難しく、敢えて慣れないことをしたとしても真意が伝わる保証はない。そんな時信頼できる第三者に謝意を託すことは永田町では珍しくない。私と麻生が折に触れて情報交換をしているのを安倍は知っている。自分がいかに麻生に感謝しているかを、私からも麻生に伝えて欲しいと思ったのかもしれない。

麻生は8月13日から、今度は中東各国などを訪問した。私はこの外遊にも同行した。この外遊で麻生が最も力を入れていたのが、イスラエル・パレスチナ双方が参加する農業団地を設立しオレンジなどを生産・集荷・配送するというもので、約9年が経過した2016年の現在でも営々と続いている。イスラエル・パレスチナ双方が参加する大規模な経済プロジェクトで、ここまで長く継続した例はほとんどない。

麻生は「すべての参加者にメリットがある事業なら、おのずと長続きする」との立場から、プロジェクトのキックオフ段階で、イスラエル・パレスチナ双方にメリットと当事者意識を自覚させることが重要だと考えていた。そこで事業開始を宣言する記念式典を日本政府が主催し、そこに双方の閣僚クラスを引っ張り出すことを今回の外遊の最大の目標に置いた。当時の鹿取克章駐イスラエル大使をはじめとする外務省のチームは、様々なルートを使って各方面にアプローチを繰り返した。そして8月15日、ヨルダン川西岸の都市ジェリコで開かれた記念式典には、イスラエルのリブニ外相、パレスチナ側のエラカートPLO交渉局長、第三国代表としてハティーブ・ヨルダン外相が顔を揃《そろ》えた。紛争当事国同士の外相など、プロジェクトの主役達が一堂に会する、麻生にしてみれば満額回答の式典だった。

　翌日、リブニ氏とエラカート氏に挟まれた麻生が破顔一笑している記念式典の写真が、イスラエルとパレスチナ双方の朝刊の一面を飾った。長年敵対し続けてきた双方の新聞が、同じ写真を一面に掲載すること自体が異例中の異例だった。私は１９９３年から４年間にわたるロンドン特派員時代に中東情勢を取材していたため、このプロジェクトの持つ意義はよくわかっていた。この外遊での最大の課題を成功裏に終えた麻生は、８月15日夜、エルサレムのホテルで恒例の「部屋飲み」を開催した。大役を果たした安堵感からか麻生はいつにも増して饒舌《じょうぜつ》だった。最初は外務省関係者も交えて盃を傾けていたが、１時間ほどしたら麻生自ら人払いをして私と二人きりになった。静かになったスイートルームで麻生がこう切り出した。

「長年殺し合ったユダヤ人とパレスチナ人ですら、同じテーブルについて共同事業に取り組もうっていうんだ。自民党と民主党が国のために協調できないはずはないだろう？」

「問題は、自民党内部の方じゃないですか？」

「……それはイスラエルやパレスチナと同じだな。本当の敵は身内にいる」

　しばらく黙って葉巻を燻《くゆ》らしていた麻生は、やおら胸元からペンを取り出した。そしてホテルの備えつけの便箋を横長に据えて真ん中に一本横線を引くと、上段に政府・自民党の主要な役職を達筆な文字で書き揃えた。葉巻を一服燻らすと、それぞれの役職名の下に、一気に個人名を書き入れ始めた。それは、月末に想定されていた内閣改造の、麻生なりの人事案だった。

副総理　　平沼赳夫
官房長官　　保利耕輔
官房副長官　　菅義偉
外務大臣　　高村正彦
法務大臣　　与謝野馨
政調会長　　笹川堯
幹事長代理　　二階俊博
総務局長　　中川昭一

麻生のペンは淀《よど》みなく、すらすらと動いた。私は、与党の次期幹事長に内定している人物が総理に人事案をしたためるという、政治記者としては極めて特異な状況に遭遇し、しばらくの間沈黙を守っていたが、麻生の筆の運びがあまりに滑らかなので、ついに口を挟んだ。

「筆に全く迷いがありませんね」

「簡単なんだよ。親分を絶対に裏切らない奴だけを選ぶ。そうでなければ、ねじれという難局を乗り切れるはずはない。ここに書いた名前は、ボスを裏切らない奴ばかりだ。最初の組閣で派閥の論理に妥協してしまったことを、安倍さんは今とても後悔しているはずだ」

「裏切りと内輪もめに苦しめられましたからね」

「人事というのは、絶対不可侵の総理の専権事項だ。これは俺なりの案だが、安倍さんの選択肢をせばめたくはない。だからお前に託すんだ。明日東京に帰ったら『絶対に裏切らないという観点から麻生なりに考えた布陣です。あくまでご参考』と言って安倍さんのところに持っていけ」

麻生はこの後メキシコとブラジルに向かうことになっていたが、私の同行取材はもともと中東までの予定だった。麻生はそれを見越して、一足先に帰国する私に手書きの人事案を託したのだ。麻生が安倍に直接メールを入れればいいじゃないかと思う方もいるかもしれない。しかし、権力の中枢に近ければ近いほど、メッセージは中身もさることながら、その伝達形式が重い意味を持つ。かねて「解散と人事は総理の専権事項。傍《はた》から総理の手足を縛るようなことは厳に慎むべきだ」と主張していた麻生は、自分が直接案を示したら安倍は断りづらいだろうと考え、ワンクッション入れたコミュニケーション手段をとることで、「この通りにしなくても構いませんよ」という思いを込めたのである。

安倍の感謝といい、麻生の直筆の人事案といい、記者として政治家と向き合っているところいう局面に遭遇することはままある。外部からの観察者という立場を超えて、図らずもメッセンジャーとなったり、政局の触媒となったりする。記者の範疇《はんちゅう》を超えているとして、こうした役回りを担うことを批判する向きもあるだろう。しかし、永田町の最前線に踏み込んだ人間にとっては、政局において一切の役回りを果たさず完全に超然としているのは、事実上不可能である。政治家と面会し話を聞く、聞いた話をまとめて記事を書く。こうした記者の活動の一つ一つも、永田町という湖に程度の差こそあれ、何らかのさざ波や波紋を生み出す。それは、記者も永田町の構成員である以上、避けられないのである。

そして構成員として好むと好まざるとにかかわらず一定の役割を果たしながら、永田町の中枢に近づいていくと、重要な局面でキーパーソンの肉声を聞いたり、コミュニケーションを仲介したりするようになる。こうした政治家の生々しい息遣いにこそ政治の本質が潜んでいる。政治家同士の衝突、決裂、和解、妥協。権力を握った政治家達のギリギリの攻防は、往々にして政治の流れを決定づけ、国民生活に大きな影響を与える。しかしこうしたやり取りが当人達から開示されることはまずない。重要な局面で責任ある政治家は極めて口が重くなるのだ。結果として、表に出てくるのは大して意味のない情報か、何らかの意図を孕《はら》んだ歪んだ情報ばかりになる。政治の奥深くに入り込み生々しい現場を目撃し記録しない限り、本当のやり取りや駆け引きは、ブラックボックスの中にしまい込まれ未来永劫《えいごう》国民の目に触れることはない。だから、政治記者は権力内部の、さらに中枢を目指すのである。

一口に政治記者といっても、大きく二つのタイプに分かれる。「政局記者」と「政策記者」である。特定の政治家や情報ソースと強い信頼関係を結び、独自の情報をいち早くつかむタイプが政局記者と呼ばれるのに対して、政策記者は安全保障、社会保障、税制といった個別の政策課題を足掛かりに、これに関わる政治家・官僚・学者などを幅広く取材し知識と人脈を広げていく。この二つのタイプはきれいに分割されるものではなく、政局にも政策にも強いオールマイティな記者もいる。ただ一般的に政局系の記者が最高権力者に向かって突っ込んでいく攻撃型が多いのに対して、政策系の記者は政局取材においても、断片的な情報を丹念に拾い集めてジグソーパズルのように全体像を描こうとする分析型となる傾向が強い。

政治部という組織の運営を考えた時、攻撃型記者だけでも分析型記者だけでも成り立たない。政局記者がつかみ取ってくる、主観もバイアスも孕んだ独自情報を、総合的な観点から俯《ふ》瞰《かん》することでより客観的な政局把握が可能となる。攻撃型記者と分析型記者が、互いの職能を尊重しながら情報を精査し報道を紡ぎ上げていくのが、理想的な政治報道といえる。

しかし現実の政治取材はそう簡単ではない。特定の政治家と信頼関係を結んだ記者は、その政治家の応援団になりさがってしまうこともある。そして枢要な政治家を落とすことに成功した記者のなかには、「独自情報」を武器にその社の政治報道を牛耳ろうとする者も出てくる。こうして、現実の政治力学をそのまま映したように、政局記者と政策記者、あるいは政局記者同士の軋轢《あつれき》や衝突が生まれる。

もちろん、政局記者が、利己的な動機を持って事実を歪めたり偏った発信をしたりしたら、それはもはやジャーナリズムでないばかりか、歴史をねじ曲げようとする絶対悪として指弾されるべきである。その一方で、政治の中枢に飛び込み生々しいやり取りを目撃する政局記者がいない限り政治の実相を明らかにすることができないこともまた真実である。

安倍の異変

中東から帰国した翌日、私は麻生の直筆の人事案を携えて東京・富ヶ谷の安倍の私邸を訪問した。帰宅直後だったらしく、安倍はスーツからジャケットとネクタイをとっただけの白いシャツ姿で、一目でかなり疲れているのがわかった。リビングルームのソファで安倍の隣に座った私は単刀直入に本題に入った。

「中東の外遊で一緒だった麻生さんから、安倍さん宛の書簡を託されました」

ジャケットの胸元から取り出した麻生直筆のメモを2枚重ねてテーブルの上に置き、左隣の安倍の前に滑らせると、安倍はしばらくそれを見つめた後で、ゆっくりと手にとった。

「今度の改造の、麻生さんなりの人事案です。安倍さんの判断を縛るものではなく、あくまで参考意見だと伝えてくれと言われています」

「そういうところが麻生さんらしいよね」

安倍の声は消え入るように小さく、聞き取りにくかった。安倍は応接テーブルの上に黄色い便箋を2枚並べて、人差し指で字面を追いながらじっくりと読んだ。読み終わると、安倍は1枚目に戻ってもう一度頭から精読した。そして深い溜息《ためいき》をついた。

「麻生さんも本当にいろいろと考えてくれてるよね」

「具体的な名前はさておき、安倍さんが本当に信用できる人を選ぶべきだというのが要諦だという主旨のようです」

「なかなかこの通りにはいかないかもしれないけど、信用できる人だけで固めるというのは、最も重要なアドバイスだよね。麻生さんには何と言えばいいだろう？」

「麻生さんもあくまで参考意見だと強調されていましたから、山口からメモを受け取ったとだけ伝えてくだされぱいいと思います」

私がしゃべっている間、安倍はしきりにペットボトルの水を口に運んだ。並んで座ったから最初は気が付かなかったが、よく見ると安倍の上下の唇はオブラートのような薄い白い膜に覆われていて、しゃべるたびに上下の膜がくっついて発声を邪魔していた。まるで高熱を出しているインフルエンザ患者のようだった。

「体調悪そうですから今日は早めに失礼しますね」

「あ、そう。帰国早々来てもらってお疲れ様だったね」

どんな時にもウィットとユーモアを忘れない安倍が、しゃべるのすら辛《つら》そうにしている。こんな安倍を見るのは初めてだった。心配になった私は、思わずこう言った。

「これからはたまに電話しますから、ちゃんと出てくださいよ」

「電話嫌いの山口君らしくないね」

私は滅多に政治家に電話を掛けない。直接会って話を聞くことを最優先しているという面もあるが、電話というツールそのものが嫌いなのだ。電話を掛けた時に相手が取り込んでいたら、着信音すら迷惑かもしれない。コミュニケーションを求める側の都合で、取材相手を拘束しかねない電話は、本質的に礼を失した通信手段だという認識に今でもとらわれている。

　しかし政治記者のほとんどは電話を多用する。枢要な政治家の携帯番号をいくつ知っているかが、記者のステイタスになっているような風潮すらある。「都合が悪いなら出なければいい」とばかりに、政府や与党の幹部に毎日のように電話を掛ける記者が少なくないなか、私のやり方は圧倒的少数派だった。しかし、私なりの取材作法を、理解してくれる政治家もいないわけではなかった。そうした政治家は、折に触れて先方から電話を掛けてきてくれる。そして政治家が連絡をしてくるタイミングや形式そのものが、彼らの狙いや置かれた状況を如実に映していて、それが貴重な情報となることもあった。そういう意味で、私はタイプでいえば「待ち」の記者だ。しかし、この日は憔悴《しょうすい》した安倍を見て、待っているばかりでは連絡が途絶えてしまうかもしれないと心配になったのだ。すると安倍は、妙なことを口にした。

「俺からコールバックがなかったら、異変があったってことだね」

　安倍は笑顔を作ろうとしたが、目は笑っていなかった。安倍も私の取材作法をよく理解してくれている政治家の一人で、滅多に電話を掛けない私が電話を掛けるとほぼ毎回出てくれた。出られない場合には時を置いて必ずコールバックがあった。だからこそ、「コールバックがなかったら」という安倍の言葉に私は底知れぬ不吉な響きを感じた。

その後しばらくの間は、時に私から電話を掛け、時に安倍からも掛かってきた。しかし8月下旬から9月にかけて、内閣改造、さらに改造直後の遠藤武彦農水大臣辞任などがあって、政権を取り巻く厳しい環境は相変わらずだった。そしてぶら下がり（立って行われる短いインタビュー）や国会内の移動中に安倍の顔を見るたびに、「あんまり体調がよさそうじゃないな」と感じることが多くなり、私から電話を掛ける頻度が少なくなっていった。そんななか、9月9日日曜日の夕方、麻生から電話が掛かってきた。直接の用件は些細なことだったが、切り際に安倍の話になった。

「最近安倍さんと話をしたか？」

「先日会いましたが、多少お疲れのご様子でしたね」

「時々電話掛けてやれよ」

「あんまり体調がよさそうじゃないから遠慮しているんです」

「いや、お前みたいなのが時々電話してくだらない話をするのがいいんだ。今安倍さんに必要なのは雑談相手だ。政治家も官僚も秘書も、この局面じゃ何を話しても雑談にならんのだよ」

安倍を心配する麻生に背中を押されて、その晩、数日ぶりに安倍の携帯を鳴らしてみた。

何回か発信音が聞こえたが、応答はない。嫌な予感とともに、最後に会った時に安倍が口にした「コールバックがなかったら……」という言葉が頭を掠《かす》めた。

「出ないのは何か異変があったのか」

「いや、シャワーを浴びている最中なんじゃないか」

安倍のコールバックを待ちながら、寝苦しい夜を悶々《もんもん》と過ごした。白々と夜が明けたが、安倍からの連絡はなかった。「着信を見過ごすこともある」と自分に言い聞かせて、朝8時を過ぎたところでもう1回鳴らし、発信音を15回聞いたところで切った。

その後も折り返しはない。総理日程の空き時間を狙ってさらに幾度か携帯を鳴らしたが、やはり反応はなかった。安倍が、私と電話で話す気がないということはもはや明確だった。月曜日の昼前になって、突然「総理辞任」という4文字が頭の中に浮かび、ぐるぐる回り始めた。携帯を鳴らしては切るを繰り返すうちに、脳裏の「辞任」の文字がどんどん太く大きくなっていき、もはや動かしがたいことのようにすら思えてきた。

その日、一日中官邸記者クラブで鬱々とした時間を過ごした私は、総理の退邸時刻が迫ってくると官邸3階の玄関ホールに上がった。総理大臣の日程は、原則前日の夕方には官邸の報道室が貼り出す。そこには出邸から来客、閣議、各種会議、外国要人などとの首脳会談といったその日に首相がこなす日程がびっしりと書き込まれ、官邸を出る予定時刻も記載されている。電話に出ない安倍の様子を退邸時に一目見ずにはいられなかったのである。玄関ホールではいくら親しくても、総理に勝手に話しかけることはできない。官邸クラブでは、官邸内を移動する総理に、事前調整なしに記者が声を掛けてはいけないという不思議なルールがあるのだ。

小泉政権前半までの旧官邸時代は、記者は官邸の廊下を縦横無尽に歩き回り、廊下を歩く総理に自由に話しかけることができた。こうした「歩き取材」で総理が記者に漏らした一言が政局を大きく動かしたことも数知れなかった。しかし、2002年に官邸が現在の新しい建物に移ると、官邸と記者クラブの間での取り決めが変わった。総理が一日に2回、記者のぶら下がり取材に応じる代わりに、官邸内を移動する総理への「声掛け」が原則禁止となったのである。

安倍と話す機会はなくても、私は玄関ホールに上がらざるをえなかった。なぜ電話に出ないのか、コールバックが来ないのか。直接尋ねることができないからこそ、安倍がどんな表情をして、どんな足取りで歩くのかをつぶさに観察したかった。

その日の夕方、玄関ホールには各社政治部の「総理番」に加え、退邸時の官邸幹部を捕まえようという中堅・ベテランクラスの記者もちらほらいた。玄関ホールの雰囲気はいつもと変わらず、皆屈託なく雑談をしながら目的の人物が来るのを待っている。ガラス張りで天井の高い官邸の玄関ホールには夕日が差し込んで、仕事終わり間近の陽気な雰囲気に満ちていた。

予定の時刻から少し遅れて、安倍が右手奥のエレベーターから玄関ホールに姿を現した。遠目に見る安倍は、いつもと変わらず姿勢はいいし、歩き方も、多少ゆっくりだがしっかりしていた。総理番はいつものように、総理と随行の秘書官らとのやり取りを聞き逃すまいと安倍の方に駆け寄っていく。少し遅れて私も総理の動線方向に歩を進めた。玄関ホールの出口にまっすぐ向かう安倍の動線に対して、私は斜めに距離を縮めていった。

総理の動線と私の進行方向が重なり合おうかというところで、顔をわずかに左に向けた安倍が、私を見つけた。安倍は急に立ち止まった。ゴツゴツという記者達の靴音も止《や》んでつかの間の静寂が玄関ホールを包んだ。そして、ほんの一瞬だったが、安倍は確かに私の瞳をじっと見つめた。無言だった。何かを伝えるような強い視線をゆっくりと右に外すと、何事もなかったかのように歩き出した。

私は一瞬、安倍の視線が脊髄に突き刺さった気がした。そして「安倍は辞めるのではないか」という疑念が、確信に変わった。

焦点を結び始めた「首相辞任」のシグナルと与謝野馨の動揺

その後、私は階下の記者クラブには戻らず、官邸向かいにある国会記者会館に向かった。官邸クラブは、細長い長方形の広いスペースを衝立《ついたて》で仕切っただけの構造なので、重要な話ができない。その代わりにマスコミ各社は、官邸から一本通りを渡った向かい側の「国会記者会館」に取材拠点を置いている。近年では原発や安保法制に関する集会やデモが頻繁に行われた「官邸前」交差点の一角にある4階建ての古いビルだが、各社個室のスペースを確保しているので、他社に聞かれては困る打ち合わせや電話は、この個室から行うのが通例となっていた。私は国会記者会館4階のTBSの部屋に向かいつつ、携帯で官邸キャップ、平河クラブ（自民党担当記者クラブ）キャップらに電話を掛け、「緊急事態だからすぐ集まって欲しい」と伝えた。

16畳ほどの四角い部屋に、キャップ連中が一人また一人と集まってきた。いつもは開け放してあるドアを閉め、私は単刀直入に伝えた。

「安倍総理は近日中に辞任すると思います。早ければ一両日中。速報案を作り、総裁選取材の準備に入るべきです」

集まった3人が3人とも、しばらく声が出なかった。平河キャップが最初に口を開いた。

「一両日中？」

「辞任？」

「所信表明演説してすぐ辞任するはずないだろ？」

「根拠は？」

堰《せき》を切ったように3人が次々と私に質問を浴びせる。予想された質問に辟易《へきえき》とした私は、前晩一睡もできず寝不足だったこともあり不快感を隠さずこう応じた。

「根拠を俺に聞くんですか？」

これに対し、平河キャップが口を開く。

「山口が言うなら相当な根拠があるんでしょう。とりあえずできる準備をしないと」

私はほかの人間の反応を待たずに続けた。

「速報案はとりあえず『安倍首相、辞任の意向固める』と『安倍首相、自民党幹部に辞意伝える』の2本。あとは、辞任を表明したらその日に総理会見がセットされますから、特番（報道特別番組）を開くことになるでしょう。そのまま一気に自民党総裁選になだれ込む形になります。現段階で最も重要なのは、保秘です。今ここにいる3人以外、デスクにもまだ知らせないで欲しい」

官邸キャップが重々しく言う。

「わかった。しかし、大丈夫か？　裏はとれているのか？　総理の進退で誤報を出すと、大変なことになるぞ」

「信用できないなら忘れてください。私は今速報を打てと言っているんじゃなくて、準備をしてくださいと言っているんです」

「……わかった。それから、保秘が重要なのもわかった」

私は３人に念を押した。

「第一報は文字速報になる可能性が一番高いので、デスクのうち１人だけには事前に伝える必要があります。辞任が確定したら、私がそのデスクに速報のＱ（速報を打てというＧＯサイン）を出します。すべてはそこからです。それまでは、くれぐれも情報管理をよろしくお願いします」

翌朝重い足を引きずって官邸に行くと、官邸クラブはいつもと変わらないのんびりとした雰囲気だった。クラブ内の共用スペースに置かれた古ぼけた黒いソファに沈み込み安倍に電話しようかどうか考えているところへ、握りしめた携帯電話が突然緊急車両のサイレン音を響かせた。

当時ＴＢＳ政治部の官邸クラブでサブキャップ（ナンバー２）を務めていた私の携帯には、日々連絡を取り合う８００人を超す情報ソースの電話番号とメールアドレスが記録されていた。私は自分からはあまり電話を掛けなかったので、掛かってくる電話を取り損なうわけにはいかなかった。だから、重要な着信に確実に応答できるように、着信音を6つに分けていた。

1　与党政治家
2　野党政治家
3　官僚
4　民間人と秘書
5　ジャーナリスト

そして6番目の「最重要」のカテゴリーについては、絶対に聞き逃しがないよう緊急車両のサイレン音を最大音量で設定していた。

広い官邸クラブ中に響くような音量でサイレン音を鳴らしている私の携帯の液晶画面は、発信者が官房長官の与謝野馨であると伝えていた。与謝野とは2004年に知り合った。当時自民党政調会長を務めていた与謝野の番記者となったのである。エネルギー政策についてインタビューしたことをきっかけに、与謝野と私は個人的に言葉を交わすようになり、四ッ谷の個人事務所をしばしば訪ねた。また、与謝野が官房長官に就任する直前には、六本木の自宅に上がり込むなどして、折に触れて接触していた。8月に官房長官に就任してからはさすがに各社のマークがきつくなり、サシで会える機会が激減したので、電話でのやり取りが主になっていた。

「山口さん、きょうの午後官邸の外で会えませんかね？」

いつもはウィットに富んだ挨拶から始まる知的な与謝野がいきなり本題から入ったので、少なからず驚いた。電話越しに聞く与謝野の声音も、いつもと明らかに違っていた。

「これは世にいう緊急事態かもしらんので、時間を作って欲しいんですよ」

明治の歌人与謝野鉄幹・晶子の孫で、中曽根元首相の秘書を皮切りに政治経験を重ねた与謝野は、通産相や文部相を歴任。様々な政治課題に精通した政策通で、抜群の理解力と説明力で官僚の信頼も厚く、国会答弁も完璧だった。また該博な知識と卓越したコミュニケーション能力で多くの記者を魅了した。さらに、最後の党人派とも呼ばれた梶山静六の寵愛《ちょうあい》を受け梶山が幹事長、官房長官などの要職にある時には、必ず与謝野を補佐役として登用した。梶山の影響もあって国対（国会対策委員会：与野党間の調整を行う）経験も長く、与野党に幅広い人脈を持つ仕事師型政治家の代表格だった。

一方、岸信介元首相を祖父に、安倍晋太郎元外相を父に持つ安倍は、1993年の初当選直後からトントン拍子で出世し、1999年の社会部会長を皮切りに、官房副長官、幹事長、官房長官と超スピードで出世街道を駆け抜けて総理に上り詰めた、党内きってのスマートなサラブレッドだ。タイプが全く異なる与謝野と安倍が、深い信頼関係を結ぶきっかけを作ったのはJR東海の葛西敬之名誉会長だった。葛西は2000年、旧知の与謝野に対し「与謝野さんと政策を勉強する少人数の会合をやりたいんだが、自民党の若手でこれはという人物を一人連れてきて欲しい」と依頼したところ、与謝野が選んできたのが当時官房副長官に抜擢《ばってき》されたばかりの安倍だったという。

爾来《じらい》葛西、与謝野、安倍の3人は、年に1~2回、政策課題を一つ選んで3人で合宿を行うようになった。テーマは憲法、財政、外交と多岐に及んだが、どのテーマにおいても、「誇り高き日本」をつくり上げていくことが議論の中心に据えられた。永田町では「勉強会」と名のつく会合は数知れないが、政策を徹底的に勉強し、とことん議論するために合宿までする真の勉強会を、私はほかに知らない。このストイックな勉強会が、若き安倍晋三の国家像や世界観を磨き、政治家としての芯を太くしたと言う関係者は少なくない。

葛西という触媒を通じて、与謝野と安倍は政策を鍛えるという稀有《けう》な環境を共有し、一定の信頼関係を作った。しかし、ヘビースモーカーで麻雀《マージャン》好き、酒も強い与謝野に対して、当時の安倍は酒もタバコもギャンブルもやらない。年も一回り以上離れた安倍と与謝野は、プライベートでの交友機会は少なかった。だから官房長官に就任した与謝野は、総理大臣たる安倍の胸中を推し量るために、折に触れて私に連絡してきていた。

この日、私との面会場所として与謝野が指定したのは、ホテルオークラの喫茶カメリアコーナーだった。平日夕方の店内では、高級そうなオートクチュールに身を包んだ有閑マダム達がそこここでアフターヌーンティを楽しんでいた。ホテルマンに「与謝野さんと待ち合わせです」と小声で伝えると、ホテルマンの顔にサッと緊張が走り、「官房長官はすでにお見えです。ご案内します」と私を先導した。デパート1階の香水売り場のような匂いに噎《む》せながら奥に進むと、人目につかない左奥のコーナーに場違いな暗色のスーツ集団がいた。手前のテーブルにSPと秘書、そしてその大柄な男の背中に遮られた一番奥のテーブルに、与謝野が独り座っていた。

与謝野は開口一番、本題に入った。

「最近総理の様子がおかしいと思いませんか？」

「確かにあまり元気がないように見えますね」

「でしょ？」

「潰瘍性大腸炎が悪化したのでしょうか？」

「安倍さんの病気は、自分の免疫細胞が自らの腸を攻撃するという、非常に難しい病気だからねぇ」

重苦しい沈黙のなか、与謝野はタバコに火をつけた。しかし一息吸い込むと、すぐ消して次のタバコに火をつける。瞬く間に溜《た》まっていく、もったいないほど長い吸殻の山が、与謝野の落ち着かない心情を雄弁に語っていた。私は思い切って口を開いた。

「私は、総理が近々お辞めになるのではないかと思っています」

「えぇっ？」

与謝野はしばらく絶句した後、ようやく言葉を継いだ。

「やっぱり？　総理が山口君にそう言ったの？」

「いや、まさか。様々な周辺状況を総合して、です」

タバコを灰皿に置いて、冷めた紅茶を口に運ぶ与謝野の手がわずかに震えている。

「こんなことを相談できる人はほかにはいないから聞いて欲しいんだが、きのう実は総理に執務室に呼ばれたんだ。いつも陪席する井上（義行：首相秘書官）もいなくて、サシだった。そして、僕がまず驚いたのは、総理の表情やしゃべり方に全く覇気がないことなんだ」

私は反射的に、前日の官邸玄関ホールの安倍の視線を思い出した。あの直前、安倍は与謝野に会っていたのだ。

「ぶら下がりでは元気を絞り出していますが、辛そうですね」

「それで、何を言い出すのかと思ったら、テロ特措法の延長について『後はお任せしたい』

と言うんだよ。これは、通訳するとどういう意味だろう？」

「100％ではありませんが、辞任を示唆したともとれますね」

「やっぱりそうだよな？　山口君もそう思うだろ？　それで、総理の話を全部聞いてしまったら取り返しがつかないことになると思って、僕は話を遮るように立ち上がって、『いやいや、そういう話だったらちょっと間を置きましょう』『じっくり戦略を立てれば何とかなりますから』とか言って、安倍さんが引き留めるのを振り切って帰ってきちゃったんだよ」

日頃は常に冷静沈着な与謝野が、珍しく狼狽《ろうばい》しているのを見て、「安倍は辞める」と断定した私の直感は間違っていなかったと感じた。

私は安倍の辞任はもはや避けられないと思っていたが、敢えてこう続けた。

「安倍さんからのSOSであることは間違いありませんね。今官邸には、安倍さんが進退を相談できる政治家は与謝野さんしかいないんですよ。どういう結論になろうとも、与謝野さんの果たすべき役割は非常に大きいと思います」

「総理の進退か……」

異変があったら互いに連絡を取り合うことを約束して、先に与謝野を送り出した。

私は独り喫茶店に居残った。総理辞任の速報スーパー案を手直しするためだ。テレビの速報スーパーには字数制限がある。取材手帳に文案を書きながら字面を調整するのだが、総理辞任の速報スーパーの推敲過程は、たとえ社内の仲間にも、見られるわけにはいかなかった。絶対に漏れてはいけない作業をするには、人払いされた喫茶店の片隅は最適だった。

――安倍首相、きょう辞任の意向固める
――安倍首相、政府首脳に辞意伝える
――安倍首相、与党幹部に辞任の意向伝える

もし安倍から直接連絡が来たならば「意向固める」と書ける。一方、与謝野から「総理から辞任の意向を聞かされて、止められなかった」という連絡が来たパターンであれば、「政府首脳に辞意伝える」が内容的には一番正確だ。しかし、業界用語で政府首脳といえば総理と官房長官しかいない。情報ソースが与謝野だと宣言しているようなものだ。もし、自民党や公明党サイドからの情報をきっかけに速報を打つのであれば、「与党幹部」のクレジットで書ける。様々なパターンを検討し、速報案を書いては直し、直しては書いた。

瞬く間に取材手帳の1ページが推敲の筆跡で埋まった。TBSの報道記者が使う会社支給の「取材手帳」には、各ページにミシン目の切り取り線がついている。速報案を推敲した紙

をミシン目から丁寧に切り取ると、念のためペンで厳重に墨塗りをして小さく丸めた。そして与謝野の吸殻がうずたかく溜まった灰皿の隅に載せて、ホテルのマッチで火をつけた。炎が一瞬まぶしく燃え盛った時、さっきのホテルマンがこちらに鋭い視線を送ったが、すぐに目を逸《そ》らした。鼻につく焦げ臭を纏《まと》った、小さな黒い燃えカスが灰皿の隅に残った。

麻生からの最後の電話

そして運命の9月12日。早朝の一本の電話により、私は改めて「安倍がきょう辞める」という確信を持つに至った。その電話の詳細については、この本ではまだ明らかにすることはできない。

すぐ速報を打つよう会社に電話を掛けようとしたが途中でやめた。「首相辞任」をスクープする前に、どうしても安倍と言葉を交わしたいと思ったのだ。ダメ元で安倍の携帯を鳴らしたがやはり反応はなかった。諦めて速報を打つよう政治部に電話を掛けようとするが、指先が動かない。自宅で悶々としているうちに、時間だけが過ぎていった。

そのうちに、NHKの正午のニュースが始まった。記者の直感として、「他社は絶対に勘づいていない」という確信が私にはあった。しかしその一方で「本人に通告できないまま安倍に引導を渡すくらいなら、他社に先に打ってもらった方がいい」という、何とも説明したい感覚も心の片隅で渦巻いていた。確かに、NHKには安倍と直接やり取りできる女性記者がいる。壊れかけたつり橋を渡るような心境でNHKのニュースを見ていたが、案の定安倍の去就に関するニュースはなかった。

覚悟を決めて政治部に電話を掛けようとしたが、いったん思い直して、もう一度安倍の携帯を鳴らした。やはり応答はなかった。諦めて電話を切った正にその瞬間、例のけたたましいサイレン音が鳴った。麻生からだった。

「おい、ダメだったよ」

「正式に辞意を示したんですね？」

「安倍さんはさっき公明幹部に辞意を伝えた」

「正式にですか？」

「そうだ」

「もう止まりませんね。速報を打ちます」

「……残念だったな」

受話器を通した麻生の声は、平素と変わらず乾いていた。しかし、いつも前向きな麻生から「残念」という言葉を聞いたのは初めてだった。

第2章　再出馬の決断——盟友の死、震災、軍師・菅義偉

麻生クーデター説

最悪の形で総理を辞任した安倍は、正に政治家として地獄に堕ちた。安倍が経験したのは二つの地獄である。一つは、「総理の座を投げ出した敗残者」としての外部からの酷評。そしてもう一つは、「自信の喪失」という内面の崩壊である。

私が総理辞任後初めて安倍の姿を肉眼で見たのは、辞任表明12日後の9月24日に東京・信濃町の慶應義塾大学病院で行われた会見である。前日には安倍の後継を決める自民党総裁選が開かれ、福田康夫が麻生太郎を破って次期総理・総裁の座を獲得していた。

この総裁選をめぐっては、「麻生が安倍から人事権を取り上げて辞任に追い込んだ」という怪情報が流布されていた。いわゆる「麻生クーデター説」である。私は参院選後の安倍と麻生の関係をリアルタイムで最も深く取材した記者の一人であると自負している。そして麻生が安倍に対してあくまで参考として人事案を示し、安倍はその案に盲従することなく自身の人事案を貫いたことを知っている。だからこの「麻生クーデター説」なるものが、全くの虚偽情報、捏造《ねつぞう》情報であると断言できる。すべての捏造情報は、一定の意図を持って作成され流布されるが、この「麻生クーデター説」は9月12日の安倍の辞意表明の夜から出回り、総裁選の期間中浮かんでは消え、消えては浮かんだ。そして一貫して福田陣営に有利に働いた。

一国の総理を決めようという与党・自民党の総裁選において、相手候補の人格を貶《おとし》めようと虚偽情報を流布した人物の目星はついている。そしてその尻馬に乗って、虚偽情報と知りながらマスコミに情報を拡散した人物も特定されている。さらに、情報の真贋を判定できないまま生煮えの情報をニュースとして報道したメディアも記録として残っている。政治家もメディアも、この経緯を検証し深く反省する必要がある。しかし、私がここまではっきりと事実関係を断定できるのは、参院選後の安倍と麻生双方を直接かつ継続的に取材したからである。「麻生クーデター説」に代表されるような、特定の集団を利する目的で捏造され歪曲《わいきょく》され流布される情報の真贋を見極めるためにも、政治記者は中枢の当事者を自ら直接取材する必要がある。

政権末期に最後まで自分を支えてくれた麻生が、悪意に満ちたガセ情報によって総裁選で苦戦を強いられたことを知った安倍は、尾羽打ち枯らしたわが身に鞭打《むちう》って、会見を設定した。病院の広い会議室に設営された臨時の会見場に姿を現した安倍の頬はげっそりとこけ、マイクの林立するテーブルに向かう足取りもおぼつかなかった。会見冒頭、謝罪のコメントを読み上げている間中、安倍は唇が乾いてしゃべりにくそうにしていた。私が辞任前最後に安倍の私邸を訪れた時と同じだった。冒頭発言を終えた安倍に対して、記者からは政権投げ出しに関する容赦ない質問が続いた。最後に私が手を挙げた。

「麻生幹事長が、総理を辞任に追い込んだという『クーデター説』が流布されていますが、そういう事実はあったのですか？」

安倍は最後の生気を振り絞るように、瞳に力を籠《こ》めてこう言った。

「言われているようなクーデター説は全く事実と違う。麻生氏には幹事長として事態の収拾に汗を流していただいたと深く感謝している」

周囲の反対を押し切って会見に出てきた安倍は、「麻生クーデター説」をきっぱりと否定するという会見の本来の目的を達すると、精も根も尽き果てたという様子で椅子から立ち上がった。この時の安倍が全身に纏っていたのは、すべてが終わった男の諦観だった。それは、ウィットと明るさに包まれ颯爽《さっそう》とした青年政治家だった、私の知っている安倍晋三とは全く違う別の男だった。

それから3か月ほど経った12月中旬、安倍は辞任後初となる本格的なインタビューに応じてくれた。安倍サイドからは一切の質問制限もなく、いざインタビューを始めるとかつての安倍らしさが戻っており、自由闊達《じゆうかったつ》によくしゃべった。思い出したくもないであろう辞任に至る様々な葛藤についても、はっきりとした口調で答えた。慶應義塾大学病院での憔悴しきった会見が極めて印象的だったので、私は質問をしながら「あそこから3か月でよくここまで立ち直ったな」と感じた。

インタビューの最後で、私は記者として、聞きにくいが聞かなければならない質問をした。

「機が熟せば、また総理を目指しますか？」

その瞬間安倍が見せた表情が忘れられない。安倍はすぐには口を開かなかったが、大きく開いた目が「え？　それを今の俺に聞くかよ？」という違和感を雄弁に伝えていた。拒絶とも怒りともつかない表情を湛《たた》えたまま、絞り出すように、

「今は一議員として、国民の声にしっかりと耳を傾けていく。そのことに集中したいと思っています」

と言った。そして、背広の襟につけた小さなマイクを自分で外しながら、

「じゃ、もういいかな？」

と言って足早に帰っていった。

若くして総理を辞任した政治家にインタビューする記者としては、避けて通れない質問だった。そして、最後の質問に至るまでの様子を見る限り、安倍の態度には生気が漲《みなぎ》り昔のウイットをすっかり取り戻したように見えていたから、最後の質問もうまく「いなす」と思っていた。しかし、表面的には回復したように見えても、心の奥深くに刻まれた傷は癒えては

いなかったのである。安倍が初めて見せた、生傷に塩を塗られたような反応に、私は内面のダメージの深刻さを垣間《かいま》見た気がした。

安倍に使命感を蘇らせた「盟友の死」と「震災」

このインタビューから5年後、安倍は総裁選に再出馬し復活を遂げる。裏を返せば、安倍は5年間かけて内面と外面を修復したことになる。総理辞任後も、私は会食や登山、ハワイでの休暇など様々な機会で安倍と時をともにした。観察者としてみれば、安倍の復活にはいくつかのきっかけがあったように思う。そのなかでこれまであまり指摘されず、しかも特に安倍の内面の修復に重要だったと思われるのが「盟友の死」と「震災」だ。

安倍の元祖・盟友といえば2009年10月、不慮の死を遂げた中川昭一元財務大臣兼金融担当大臣である。安倍が総理を辞任した2年後に志半ばにして斃《たお》れた中川が、安倍の内面にどういう影響を与えたのか。私も中川とは少なからぬ縁があった。まずは、中川という政治家の人となりを紹介する意味で、中川の最後の選挙となった2009年夏に話を戻したい。

当時私は政治部を離れ、土曜日夕方に放送されていたTBS「報道特集」という番組の統括ディレクターとして、総選挙の情勢を睨みつつ、政治ネタの企画取材を指揮していた。テレビ局が総選挙を題材に報道番組を制作する場合、当然のことながら全国各地の注目選挙区をどう興味深く取り上げるかが腕の見せ所となる。

この年の選挙は麻生政権末期で自民党の劣勢が伝えられるなか、数多くの大物議員が落選の危機に瀕《ひん》していた。なかでも北海道11区は、中川昭一がこれまで盤石《ばんじゃく》の戦いを繰り返して当選8回を数え「中川王国」とまでいわれていたにもかかわらず、早い段階からかなりの苦戦が伝えられていた。中川は自民党に吹き荒れる逆風と、例の朦朧《もうろう》会見（２００９年2月に行ったローマでの会見でろれつが回らなくなったことが問題とされ、その後大臣辞任に追い込まれた）のダブルパンチにもがいていた。一方、民主党の相手候補は、石川知裕。小沢一郎の金銭スキャンダルの中心人物である上に、民主党のＴＰＰに対する姿勢が地元農業関係者の反発を喰《く》らい、こちらもダブルパンチで青息吐息だった。

「スネにキズ持つ者同士の対決」となった北海道11区を、選挙企画として取材しない手はなかった。「報道特集」の場合、現場取材は中堅・若手ディレクターに任せ、デスククラスは通常は東京に残り週末の放送に向けて全体を統括する。しかし、帯広の取材は敢えて私が現場に行くことにした。中川昭一と石川知裕両氏のいわくつきの戦いを自分の目で見てみたかったのである。

中川との待ち合わせの場所は帯広郊外の中小企業の駐車場だった。中川が企業の朝礼に顔を出して支持を訴えるところを撮影するためだ。中川は劣勢の選挙で疲労が溜まっていたのか、あまり機嫌がよくなかった。

「TBSの山口です。本日はよろしくお願いします」

「おう、久しぶりだな。〝黒シャツ〟からも連絡があったぞ」

「黒シャツ」の異名をとる産経新聞の石橋文登記者は、永田町で知らぬ者のいない名物記者だ。気に入らない政治家とは付き合わないが、これと見込んだ政治家とはとことん付き合う豪快にして繊細な人物だ。石橋記者の濃密な人脈のなかでも、中川は核となる政治家の一人だった。私とは所属する会社は違うものの入社同期のよしみで、今回の帯広に取材に行く旨を石橋記者に伝えて、情勢などを事前に意見交換していたのである。

「今日は基本的に密着取材ですが、撮影できないところがあれば、事前に言ってください」

中川は顔見知りの私には目もくれず、同行のカメラマンを睨みつけてこう言った。

「君がカメラマンか？　いいか、3メートル以上俺に近づくなよ。これがルールだ」

挨拶もそこそこに、仏頂面で撮影の制限をされたカメラマンは、ハトが豆鉄砲を喰ったような顔をしていた。

後で聞いてわかったのだが、中川はテレビの取材中にカメラマンと衝突して転倒したことがあり、それ以来どのカメラマンにも「3メートルルール」を守るよう求めていたのだ。しかし、事情を知らないカメラマンは中川のつれない態度に驚きを隠せなかった。劣勢の選挙を戦う政治家は普通、カメラ取材にはここぞとばかりに満面の笑みでサービスをする。テレビのニュースでできるだけ好感度を高く扱ってもらえるよう、スタッフにまで愛想を振りまくのである。ところが中川には取材陣に媚《こ》びるところがなく、逆に我々を威圧するようにすら見えた。選挙取材で政治家の偽善的笑顔と媚びへつらう態度に辟易としていた私には、中川の態度は逆に新鮮に感じられた。

ギクシャクした雰囲気を引きずったまま取材が始まった。企業回り、辻立《つじだ》ち（街頭での演説）、公民館でのミニ集会。中川は劣勢を跳ね返そうと、精力的に選挙活動を続けた。日が傾いて農作業が一段落する頃合いには農家も回った。酪農や大規模農業がさかんな十勝地区では、農家の票の行方が勝負を分けるといわれていた。

その日の夕方、中川は秘書に促されて帯広東部にある中規模酪農家の戸口に降り立った。玄関脇を回り込んで牛舎の脇まで歩みを進めると、牛の世話をしている農家の主人がいた。声を掛けると思いきや、中川は農家の主人の忙しく動く手元を見つめたまま押し黙っている。できるだけ多くの農家を回りたい秘書は、たまりかねて中川に小声でささやいた。

「代議士、声を掛けてください」

秘書に向き直った中川は、3メートルルールをカメラマンに突きつけた時と同じ顔になった。

「農家の方は牛のブラッシングという大切な作業をしているんだ。邪魔できるか」

こう言ってまたじっと作業が終わるのを待っている。密着取材を重ねるうちに、中川という人物が非常にシャイで不器用な人間であることが取材チームにも徐々に伝わってきた。永田町には厚顔無恥で小器用な人間なら掃いて捨てるほどいるが、シャイで不器用な人間には滅多に遭遇しない。私は、ブラシをかけられて陶然としている牛の横で直立不動で立っている中川の横顔を見つめていた。

10分も経っただろうか。ようやく農家の主人が気が付いて、作業を中断して中川のもとに歩み寄った。

「代議士本人が回るなんて何十年ぶりなんじゃないの？」

「今回は必死なんです」

「そりゃ自分でまいた種だからしょうがねぇべ」

「朦朧会見」の印象が生々しいなか、中川に容赦のない声を掛ける地元農民は少なくなかった。中川は保守系政治家として名が通っていたので、選挙のたびに日本全国に応援演説に駆り出され、これまでは地元でじっくり選挙運動をする機会があまりなかったのである。朦朧会見、自民党への逆風のみならず、様々な歪みを一気に背負った選挙戦は、中川にとって心身ともに過酷なものだった。

2日目の午後、中川は選挙運動の合間に昼食をとることになった。中川を一日中カメラで追いかけ回していた私は、食事の時ぐらい取材から解放してあげようと考えて中川にこう言った。

「昼食が終わったら連絡ください。近くで待機していますから」

するとの中川は、

「そう言わず、一緒にメシ食おうぜ」

とはにかんだ笑顔を見せた。初日の不愛想な男とはまるで別人の、万人を惹《ひ》きつける笑顔だった。それまで中川に怯《おび》えていたカメラマンとカメラ助手も、この笑顔に救われ安堵の表情を浮かべた。

中川が我々を連れていったのは、行きつけの老舗《しにせ》の蕎麦屋《そばや》の2階だった。堂々たる古民家風の一軒家で地元では有名な店だったが、昼時はとうに過ぎていたのでガランとしていた。

「ここの蕎麦は東京のとは一味違ってうまいんだ。好きなもの頼んでいいぞ」

蕎麦が来るまでの間、中川はカメラ助手の出身地を聞いたり趣味の話で盛り上がったりしてすっかり打ち解けた表情を見せていた。有権者の前で見せる深刻な渋面とは打って変わってくつろいだ中川の様子に、思わず私はこう言った。

「中川さん、質問があるんですが？」

「何だよ」

「何で急に愛想がよくなったんですか？　この2日間ずっと不機嫌だったのに」

　ストレートに質問してみたら、中川が黙り込んでしまった。「まずいこと聞いちゃったかな」と嫌な汗が出てきたところで、中川が重い口を開いた。

「俺はさ、どうも『愛想笑い』というのができないんだよ。いつも後援者や秘書に怒られるんだけど、大して親しくない人の前で、理由なく笑顔を作ることができないんだ。政治家としては不適格だよな」

「小器用な政治家を嫌う有権者はたくさんいます。でも、あんまりぶっきらぼうにしていると、入るはずの票も逃げちゃいますよ」

「お前、きついこと言うな。……でもありがとう」

　中川は私と目を合わせず、うつむきながら箸で小鉢の蕎麦味噌《みそ》をつついている。産経の「黒シャツ」石橋記者が、「昭一さんには、独特の色気があるんだよ」と言っていた意味がわかったような気がした。

その夜、選挙運動を終えた中川は、我々を食事に誘った。今度はかなり立派な割烹《かっぽう》の個室だった。テーブルには山海の珍味と焼酎のボトルが置いてあった。朦朧会見で批判を浴びた中川は世の中に禁酒を宣言していた。この日も席に座るや否やこう言った。

「俺は飲まないからな。山口は俺と飲みたそうだが、残念だったな」

苦笑いしながらこう宣言した中川の口ぶりは、まるで自分に言い聞かせているようだった。私は、ストレスの溜まる選挙戦から刹那でも解放してあげようと、黙って焼酎の水割りを作って中川の前に置いてみた。一瞬驚いた中川は、いたずらっ子のような顔になり、そっと一口焼酎を啜《すす》った。

宴が進んで1時間以上経っただろうか。中川は1杯目の焼酎をほとんど残していた。しかし、久しぶりの酒席なのか、ずいぶんリラックスしているように見えた。ごく少量ながら酒の入った中川はよく笑い、よくしゃべった。私は、日中感じていた疑問をぶつけてみた。

「相手候補の石川さんは街頭演説でよく中川さんのことを批判していますが、中川さんは石川批判を一切しませんね」

「お前、石川の取材したことあるか？　しっかりした考えを持った、爽やかな若者だよ。奴もいろいろあって大変だろう。俺は石川の人格攻撃をする気にはなれないんだよ」

落選の危機に瀕した選挙で、熾烈《しれつ》な攻撃を仕掛けてくる相手候補を褒める中川という人物に、私は半ば驚き、半ば呆《あき》れた。

結局、この年の総選挙で自民党の堀内光雄、久間章生、赤城徳彦、船田元、山崎拓といった派閥の領袖、閣僚経験者が軒並み落選。自民党は下野した。中川も石川に3万票近い差をつけられて落選した。私は、陰と陽が容易に入れ替わる繊細な中川が、落選という現実をどう受け止めているのか気になって、選挙後まもなく休みを利用して帯広に行った。私の訪問を中川は喜び、帯広で拠点としているマンションの自室に招き入れてくれた。

中川の部屋の本棚にはたくさんの蔵書とファイルが整然と置かれていた。そのうちの一つのファイルを取り出してテーブルの上に置くと、中川は静かに話し始めた。

「俺は、いくつかの政治テーマを持っているが、その一つが水資源なんだよ」

こう言いながらファイルを開くと、たくさんの新聞のスクラップが律儀に並び、ところどころに細かい字の手書きメモが貼られている。水資源問題に関わるものだけでも、ファイルは十数冊に及んでいた。「無頼な酒飲み」という印象が強い中川だったが、長い時間をかけて丹念に作られた資料は、中川の別の一面を雄弁に物語っていた。

「選挙中にお前に『無愛想はやめろ』と言われたのが今でも忘れられないんだよ。あんなにはっきり言われて、俺も目が覚めた。で、選挙は生まれ変わったつもりで頑張ったんだけど、ちょっと遅すぎたな。でも俺にはやり残したことがある。このまま諦めるわけにはいかないんだよ。なにしろ日本の水が危ないんだ」

これ以降、中川は時間があると私に連絡をくれるようになった。特に用件がなくてもよく会った。落選後も禁酒を標榜《ひょうぼう》していた中川だったが、東京・高円寺のうどん店の個室では、よく飲みよくしゃべった。中川は飲めば飲むほど真面目になった。日本をどうするべきか。誇りある国づくりとは何か。拉致問題はどうするのか。日本の水資源をどう守るのか。

そして9月も終わりに近づいたある日、中川と二人で飲んでいると、平素はあまり自分について語らない中川が、この日、イギリスの名宰相パーマストンについて熱弁した。中川が尊敬する政治家として真っ先に名前を挙げる人物である。

「砲艦外交といわれるが、祖国イギリスの誇りと国益を守るという信念を貫いただけなんだ。それに、パーマストンの会議外交は、結果としてヨーロッパに長い間戦争のない状態、すなわちパックス・ブリタニカを生み出した。タカ派こそ平和を創出する気概を持たなければならないんだ」

19世紀のイギリスの海洋覇権が、ナポレオン戦争後から第一次世界大戦が勃発する1914年まで、戦争のない平和を生み出したという「パックス・ブリタニカ」。現代日本人こそ、平和は力で守られるという歴史的事実に目を向けなければと説く中川には、落選中の議員とは思えない気迫が漲っていた。

「冷静に現実を見れば、今の日本には右と左がもめている余裕はない。俺は今回は落選してしまったが、これを奇貨としてしっかりと勉強し直して、パックス・ジャポニカをつくり出すよう頑張っていかなきゃならない。心配かけたが、俺は次に向かっているよ」

そして中川は言った。

「マスコミもずいぶんおかしくなっている。いかなる障害があっても書かなければならないことは書くというのがジャーナリストなんだろ？　立場に関係なく、信念と矜持《きょうじ》を持って記事を書けばいいだけなんだがなぁ」

信念と矜持。これが、私が中川から聞いた最後の言葉となった。

それぞれの想《おも》いを集めた戒名

2009年10月4日。息子の幼稚園の運動会を見に来ていた私の携帯が鳴った。安倍からだった。8月の総選挙で自民党が下野した後だったので、安倍は野党の一衆議院議員という立場だった。2年前の総理辞任が、自民党退潮のきっかけを作ったと批判されていただけに、この時期の安倍は目立った活動を控えていた。

「昭一さんが亡くなったんだよ」

私はとっさに返す言葉が見つからなかった。つい数日前、一緒に盃を交わしたばかりの中川が死んだということが、信じられなかった。電話口の安倍も長い間黙っていた。園児の歓声が遠くで響く。十数秒は経っただろうか。私から沈黙を破った。

「死因は何ですか？」

「テニスをして帰ってきて、疲れているようだからと家族が寝かせたんだけど、翌朝起きてこないので部屋に見にいったら冷たくなっていたというんだよ」

「死に方に不審なところはなかったんですね？　他殺とか自殺とか」

「そうは聞いてない」

またしばらくの沈黙の後、今度は安倍が口を開いた。

「お通夜に行くんだけど、一緒に行かないか？」

「もちろんです。ありがとうございます」

富ヶ谷の安倍の自宅で待ち合わせをして、安倍の車で中川の東京・世田谷の自宅に向かった。周辺にはたくさんの黒塗りのハイヤーやタクシーが停《と》まっていて、テレビカメラも待ち構えていた。表通りは騒然としていたが、細い道を入った奥まったところにある玄関まで行くと、喧騒《けんそう》はほとんど聞こえなかった。安倍が呼び鈴を鳴らすと、帯広の取材でお世話になった秘書が扉を開けてくれた。

上がり框《がまち》では、妻の郁子さんが深々と頭を下げたまま動かない。安倍がたまらず口火を切った。

「このたびは誠にご愁傷さまです。お力落としのことと思います。親交のあったＴＢＳの山口さんと一緒に来ました」

安倍がそう言うと、郁子さんがやおら顔を上げた。そして私を見つけると、飛びついてきて跪《ひざまず》き、泣き崩れた。

「山口さん、帯広まで来て激励してくださったのにこんなことになってしまって……」

それ以上言葉を継げなくなった郁子さんは押し黙り、彼女のしゃくり上げる声だけが玄関に響いた。

秘書に促されて、安倍と私は遺影の掲げられた応接間に通された。はにかんだような中川の笑顔を見た安倍は、ハンカチを出してそっと目頭を押さえた。安倍と私は焼香を済ますと別室に案内された。安倍は塩川正十郎が弔問に来たという連絡を受け、部屋を出ていった。郁子さんと長女の真理子さんと私が部屋に残った。そこで郁子さんは、泣き腫らした顔で意外なことを口にした。

「山口さん、主人に戒名をつけて欲しいんです」

「え？」

「期限までに戒名をつけなければならないんですが、私にはもうそういう余裕がなくて。お願いできませんか？」

「昭一さんには生前大変お世話になりましたのでご協力したいのは山々ですが、私には大役すぎます。安倍さんに相談してみましょう」

「安倍先生に私からそんなことをお願いするわけにはいきません。生前中川から、山口さんは安倍さんや麻生さんともお親しいと聞いていました。本当に中川のことを思ってくれていた方々からのご意見をうかがうことも含めて、昭一の戒名を考えて欲しいんです」

私は簡単に引き受けるほど厚顔無恥ではなかったが、無下に断れる雰囲気でもなかった。とっさにこう言った。

「……わかりました。私にどこまでできるかわかりませんが、昭一さんと親交のあった国会議員や民間人で、私が連絡をとれる人にお願いしてみます」

郁子夫人のひたむきな視線に圧倒されて肯《うけが》ってしまったがすぐに後悔した。大変なことを引き受けてしまった。しかし、期限までに戒名が決まらないとご遺族もお困りだろうから、できることから始めねばならない。まずは中川家を一緒に辞してすぐ、安倍に相談した。

「玄関口で郁子さんが山口君に飛びついた時はびっくりしたよ」

「僕こそ驚きましたよ」

「最近は山口君が一番昭一さんに会ってたからね」

「それで今郁子さんから戒名をつけて欲しいって頼まれちゃったんです」

「えぇ？　昭一さんの？　そりゃ大変な役を引き受けちゃったね。どうするの⁉」

「ど素人が戒名なんて無理ですから、昭一さんと親交のあった安倍さんとか麻生さんとかに、候補となる漢字を考えてもらって、それを僧侶に託そうと思っているんですが」

「そうか。それはいいね。俺にも一つ漢字を考えさせてくれ」

「安倍さんは郁子さんからの直々の依頼でもありますから、ぜひお願いします。あとは誰に声を掛けましょうか？」

「昭一さんのファンは多いからねぇ。みんなに声を掛けると収拾がつかないしね。だから、山口君と昭一さんの共通の友人ということでいいんじゃないの？」

　安倍にこう言われて少し気が楽になった。まず、安倍、麻生、甘利、菅の4人を最優先でピックアップした。さらに中川が尊敬するパーマストンなど、イギリス政治を語り合う仲間だった神奈川県立外語短期大学の君塚直隆教授。そして中川と親交の深かった産経新聞の「黒シャツ」石橋記者もリストに入れた。

「中川家が昭一さんの戒名をつけるにあたり、親交のあった人物から漢字を集めています。ご協力いただけませんか」と片っ端から電話を掛けた。誰もが二つ返事で引き受けてくれたが、唯一の例外が菅義偉だった。

「私は、ご存じのように昭一さんのことを、政治家としてとても尊敬していました。しかし、安倍さんや麻生さんの昭一さんに対する思いは、私よりもはるかに強くて深いと思います。私の気持ちは、安倍さんと麻生さんの漢字に託させてください」

菅の口調は、中川に対する敬意に満ちていた。

その夜は、私も漢字辞典を片手に、中川と過ごした短期間だったが濃密な日々を思い起こした。中川のはにかむような笑顔が繰り返し頭に浮かぶ。大学ノートに漢字を書いては破り、破っては書いた。残ったのは4つの漢字だった。

「尊」

「邦」

「誠」

「志」

安倍はさっそく翌朝電話をくれた。

「昭一さんを象徴する漢字ということで考えたんだけど、『誠』か『昭』かなぁ。『尊』もいいよね。こうして考えると、昭一さんというのは本当に生き様のきれいな人だったね」

こう言って安倍は電話口で黙り込んだ。私にも返す言葉はなかった。長い沈黙の後、私はしゃがれ声でこう言った。

「……それでは、3ついただきました。全部は採用できないかもしれませんが、郁子さんも喜ぶと思います」

こうして、次々と漢字が集まった。今回の執筆にあたりご本人に公表の承諾を得た字案は下記の通りである。

麻生太郎：「保」「高」「志」
甘利　明：「大道」「一念」「一貫」「正論」
石橋文登：「青」

石橋記者の青には、私も深く賛同した。青春、青嵐会、水資源、そしていつまでも青臭くて一生懸命で不器用な政治家。中川と長く深く付き合った石橋記者の、深い哀悼の気持ちが、「青」という漢字1文字に込められていた。

こうして各位の漢字が揃った日の夜、世田谷の中川家を再訪した。応接間にはすでに郁子さんと長女の真理子さん、長男の峻一君、そして葬儀を取り仕切る東京・代々木の古刹、諦聴寺の高僧が静かに座っていた。厳粛な沈黙を私が破った。

「安倍さん、麻生さん、甘利さん、君塚さん、石橋さんといった、親交のあった方々にお声掛けをし、皆様にとって昭一さんを象徴する漢字を選んでいただきました。あとは専門家に決めていただけたらと思います」

「無理なお願いをして本当にすみませんでした。何とお礼を言ったらよいやら……」

郁子さんは集めた漢字を記した紙を受け取ると、さめざめと泣いた。長女の真理子さんが郁子さんの手元から紙を外すと、高僧に渡した。

高僧は、しばらく下を向いて漢字に見入っていたが、やおら顔を上げるとゆっくりとしゃべり始めた。

「私は26年前、中川昭一さんのご尊父である、中川一郎さんのお葬式にも立ち合い戒名をつけたのです。まさか父子二人の戒名を私がつけることになるとは……」

高僧は、それ以上しゃべらなかった。昭和58年、中川の父・一郎も無念の死を遂げている。私は急に視界がにじむのを感じた。その後どうやって中川家を辞したのかは記憶にない。ただ、中川家を出て駅に向かう路上で、長女の真理子さんから電話が掛かってきたのを覚えている。

「山口さん、今日中川家に一人、本当の恩人が増えました。一族を代表して感謝申し上げます。ありがとうございました」

真理子さんはそれだけ言うと電話を切った。毅然《きぜん》としながらも心のこもった美しい日本語だった。悲しみのどん底で礼節を忘れない真理子さんに、畏敬の念すら抱いた。

私は帰りのタクシーの中で、僧侶に渡した漢字の写しを見つめた。思い思いの漢字に中川への弔意を込めた人達と、漢字の選択を安倍と麻生に託した菅を思った。そして帯広の蕎麦屋での、中川のはにかんだ笑顔がまた浮かんだ。

その後、中川家から戒名が決まったという連絡が来た。

「青邦院釋昭尊」

きれいな、中川にふさわしい戒名だと思った。

誇りの持てる国へ

10月9日、中川の告別式が麻布十番の善福寺で執り行われた。この場で麻生は中川に二つの言葉を送った。

「政治家は、わが身無念と思えども、国のためなら本懐なり」

「死せる中川、生ける保守を走らす」

保、高、志という漢字を中川の諡《おくりな》に推薦した麻生。中川への思いを語る弔辞にも、その3つの漢字が含まれていた。そして「わが身無念と思えども」のくだりを聞いて、吉田茂が幼少の麻生に語った小村寿太郎の逸話を思い出した。麻生が中川に送った二つの言葉は、中川の遺志を自らが引き継ぐという決意表明でもあったのである。

続いてマイクの前に立った安倍は、「昭一さん、今日はいつもと同じように昭一さんと呼ばせてください」と、中川に語りかけた。そしてスピーチの後半、安倍は何度か途中で長いポーズを置いた。盟友の死が胸にこみ上げてきたのだろうか。

「あなたが歩んできた道は、国家のため、正にその一筋で貫かれていました」

「そして、私達は、あなたが目指した誇りある日本をつくるため、保守再生に全力で取り組むことをお約束し、弔辞とさせていただきます」

「昭一さん、さようなら。安らかにお眠りください。友人代表、衆議院議員、安倍晋三」

安倍の挨拶を遠目に見ていた私には、その手が少し震えているように見えた。葬儀が終わり、要人の黒いセダンが次々と境内を出ていくのを見送っていると、携帯が鳴った。安倍からだった。

「さっきの弔辞、不自然じゃなかった？」

「少し手が震えているように見えました」

「実は途中で何かこみ上げてきてね……。政治家として、人前で泣くのは失格だと思ってこれまでやってきたから」

「涙を流していたのは気が付きませんでした」

「そう。それならよかった」

中川の晩年の口癖は、「日本が危ない」だった。緊張が高まる東アジア情勢、水資源問題、拉致問題、誇りの持てる国づくり、中川はライフワークとしていた多くの課題を、道半ばにして旅立った。その無念を最もよく知っているのが安倍晋三だったのである。


この3年余り後、総理として復活した安倍に、自らの再起と中川の死の関係について尋ねたことがある。

「盟友の死は、安倍さんの心にどんな変化をもたらしたんですか?」

それまで飄々と雑談に応じていた安倍は、私の方に向き直ってジロリと私を睨みつけた。この眼は、安倍が真剣な話をする予兆である。

「昭一さんは、たくさんのことに取り組んでいたでしょ? 拉致問題、教科書問題、人権擁護法案問題、アジア外交、農業問題、水資源問題、憲法改正……。そのほとんどが、昭一さんが先頭に立って戦ってきた課題なんだよ。そしてどれも、未《いま》だにゴールを見ていないんだ」

ここまで一気にしゃべると深呼吸をした。

「誇りの持てる国づくりのために全力投球してきた昭一さんが、道半ばで斃れたならば、誰かがその遺志を継がなきゃ悲しすぎるじゃないか」

「昭一さんの死が、謹慎蟄居《きんしんちっきょ》の身だった安倍さんの内面に変化を与えたと？」

「誰かが中川さんの思いを引き継がなきゃっていう、使命感かな」

安倍退陣３か月後の２００７年12月、中川は「真・保守政策研究会」（後の「創生日本」）という超党派の研究会を発足させた。80人近い保守系議員が参画し、３つの活動目的を掲げていた。

1　伝統文化を守る
2　疲弊した戦後システムを見直す
3　国益を守り、国際社会で尊敬される国にする

これらは、「戦後レジームからの脱却」を掲げた第一次安倍政権の政権スローガンを引き

継ぐという意志を明確にしていた。当時は安倍の後継として福田康夫内閣が発足しており、安倍内閣の「誇りある国づくり」から大きく方向転換し、外交や人事面でも保守色を大幅に薄めた政権運営が始まっていた。この研究会発足直前の11月、中川は私に対してこう述べていた。

「安倍ちゃんが掲げた誇りある理念が、最近はどんどん後退しちゃっているどころか、逆方向に向かっちゃっているじゃないか。誰かが安倍ちゃんの思いを引き継がなきゃ、この国はダメになっちゃうんだよ。この国が危ないんだよ」

この研究会のメンバーの多くが、「次に正統派保守政権が生まれるとしたら中川昭一首相」と期待を寄せていた。中川は2009年の総選挙での落選後、安倍にこの研究会の会長に就任するよう依頼した。しかし安倍としては、中川が会長を続投し、研究会を政治家として復活する足掛かりにして欲しいと考え、会長を引き受けることを躊躇《ちゅうちょ》しているうちに、中川が突然死亡したのである。

中川の死から1か月余り経った11月16日、安倍は正式に「真・保守政策研究会」の会長に就任した。研究会は12月に外国人参政権に反対する決議を採択すると、夫婦別姓、天皇陛下特例会見問題、竹島問題などで次々と発信や提言を行った。中川が遺《のこ》したこの研究会が、保守政治家・安倍晋三の活動再開を後押ししたともいえる。そして「中川の遺志を継ぐ」という使命感が、安倍の内面にも質的な変化をもたらしたことは想像に難くない。麻生が中川の葬儀で述べた、「死せる中川、生ける保守を走らす」という言葉が、最もよく当てはまるのが安倍本人だったのである。

被災地での出逢い——所信表明演説に込めた想い

もう一つ、安倍の内面に質的変化をもたらしたのは、2011年の東日本大震災である。

当時官邸キャップを務めていた私は、あの瞬間を自宅で迎えた。菅直人の外国人献金問題の資料整理のため、新聞のスクラップや自分のメモと格闘していたら、ドンと家具が跳ね上がった後、激しい横揺れが長く続いた。横揺れの激しさと周期から「震源はかなり遠い。そして震源地がどこにせよ、周辺ではとんでもない被害が出ている」と直感し、自宅を飛び出して国会記者会館に向かった。そこから5日間、自宅には戻れなかった。官邸で24時間態勢で行われる緊急記者会見やレクを聞いては原稿を書き、生中継をし続けた。

地震発生から3週間余りが経った4月5日、安倍から電話があった。

「あさって東北に支援物資を持っていくんだ」

それまで官邸での取材に忙殺され被災地に行く機会のなかった私は、とっさにこう言った。

「ぜひ手伝わせてください」

「物資がいっぱいあるから来てくれたら助かるよ。ただ、俺は下関から来る支援物資を載せたトラックで行くから、乗せてあげられないんだ。自力で仙台まで来られる？」

安倍は自分の被災地訪問を、メディアに公表しなかった。だから私も会社のカメラマンを帯同せず、市販のデジカメを携えて宮城に向かった。仙台郊外の待ち合わせ場所で安倍一行とドッキングすると、食べ物や毛布、衛生用品など大量の物資を満載した安倍のトラックと、私のレンタカーでまず仙台市内の自民党関係者の事務所に向かった。被害の概況の説明を聞いた後、津波で甚大な被害を受けた地域に向かった。道中の車窓から見る仙台市中心部は、ところどころガラスが割れた家屋が目立つ程度だったが、宮城県南部を南北に縦断する仙台東部道路で南に向かうと、景色が一変した。

進行方向右側すなわち西側は、盛り土によって作られた仙台東部道路が防波堤の役割を果たしたようで、被害がほとんど確認できなかったのに対し、東側には全く違う光景が広がっていた。すべての家という家がコンクリートの四角い土台だけを残して根こそぎ流され、何キロメートルにもわたって泥まみれの荒野が広がっていた。津波が残していった土砂が分厚すぎて、そこがかつて水田だったか住宅地だったかすらもわからなくなっているところもあった。人間の営みがあった証拠は、泥の湿原に突き刺さった無数の軽自動車や、陸地深くまで流されてなすすべもなく置き去りにされた大きな漁船くらいだった。

仙台東部道路を降りて、我々は海岸を目指した。そこここに積み上がった瓦礫《がれき》の山をジグザグにすり抜けて東に向かうと、ほどなく海岸前に開けた空き地に到着した。車から降りて高さ2メートルほどの防波堤の上によじ登った。決して低いとはいえない防波堤を軽々と乗り越えた津波の爪痕が否応《いやおう》なく目に入ってくる。果てしなく広がる虚無の荒野を前に、安倍は長い間黙っていた。

しかし、持ってきた支援物資を必要としている被災者の方々に届けなければならない。気を取り直して車に乗り込み、事前の調査で物資が不足しているとされた地域の避難所を回った。公民館、小学校、体育館。規模の大小はあれ、どの避難所もこれ以上は入れないというくらい被災者が詰め込まれていたが、不思議なくらい静かだった。被災者は板張りの上に毛布や畳を敷いた2メートル四方程度の区画で、主に家族単位で寝起きしていた。

避難所に着くと、安倍一行はそこの責任者に挨拶をし、特にアナウンスをするわけでもなく、静かに建物の中に入って被災者一人一人に声を掛けて歩いた。

「今一番必要なものは何ですか？」

「食料やお菓子、それとウエットティッシュなど生活用品を持ってきたので、遠慮なく使ってください」

突然の元首相からの声掛けに多くの被災者が驚いたり喜んだりする一方、嫌な顔をする被災者もいないわけではなかった。しかし、安倍は断られない限り、すべての区画の被災者に声を掛けて回った。

出発前、秘書はできるだけ多くの避難所を回るスケジュールを立てていたが、安倍が一つ一つの区画をくまなく回るので、どんどん時間が足りなくなっていった。最初のうちは「代議士、そろそろ……」と声を掛けていた秘書も、途中からは諦めて安倍の様子をじっと眺めていた。

そして最後の訪問先となった宮城県南部・亘理町の避難所でのこと。高台にある亘理中学校の体育館が避難所になっていた。ここでも安倍は一区画ずつ声を掛け、跪いて話を聞いていた。もう日が暮れかかっていた。私は腰が痛くなって、体育館の壁にもたれて安倍の様子を見守っていると、一人の少女が話しかけてきた。

「おじちゃんは東京から来たん？」

ニコニコと笑顔を絶やさない、優しい顔をした女の子だった。

「そうだよ。お菓子とかも持ってきたから、後で食べてね。お名前は何ていうの？」

「小野《おの》望美《のぞみ》。小学生だよ。友達があっちにいるから、ちょっと来てよ」

望美ちゃんの友達とたわいもないやり取りをしていたら、隣の区画で炊き出しのおでんを食べていた中年の女性が急に泣き崩れた。

「望美ちゃんはねぇ、津波でお母さんを亡くしちゃったのよ。それなのに絶対に泣かないのよ。いつもニコニコしてみんなを元気にしてくれて……」

明るい笑顔で話しかけてきた様子から、家族は無事だったのだろうと勝手に考えていた私は、もう一度望美ちゃんをじっと見つめた。すると、望美ちゃんがこう言った。

「お母さんはこの間瓦礫の中で見つかったの。足が木に引っかかっていたから海に流されなくて、お葬式を出すことができたんだよ」

中年女性の言う通り、望美ちゃんの瞳に涙はなかった。優しい笑顔の小さな女の子を襲った想像を絶する過酷な現実。午前中に海岸線で見た虚無の荒野から受けた衝撃とは違う、足元の地面が裂けて暗闇に堕ちていくような感覚に襲われた。

慰める言葉も見つからず、かといって立ち去ることもできず、私は無言で望美ちゃんの隣で座り込んでいた。しばらくして、全区画を回り終わった安倍が近づいてきた。立ち上がって望美ちゃんを紹介し、彼女の置かれた状況を説明した。母を失った女の子を前に、安倍も無言で同様に立ちすくんだ。静寂のなかで進退窮まった我々を、望美ちゃんの明るい声が救った。

「ヒゲのおじさん、安倍さんと写真撮ってよ。総理大臣だったんでしょ？」

私の手元には、望美ちゃんの肩に安倍が両手を置いた写真が残っている。安倍は神の前に跪くような顔をしている。安倍は絞り出すような声で、望美ちゃんに質問した。

「望美ちゃんが今一番欲しいものは何？」

すると、望美ちゃんはこう言った。

「小学校が津波で使えなくなっちゃって、ほかのいくつかの小学校に分かれて通うことになって、会えなくなっちゃったお友達がいるの。またみんなで同じ学校に通えるように、小学校を建てて欲しいな」

安倍は一瞬言葉に詰まったが、こう答えた。

「そうか、お友達と離れ離れじゃ寂しいよね。どうやったらみんなで一緒に勉強できるようになるか、一生懸命考えてみるね」


その後私は、折に触れて望美ちゃん一家を訪問するようになった。翌年には安倍に託された色紙を持っていって、帰りに望美ちゃんのお礼の手紙を預かって帰京し安倍に渡した。私は彼女と面会するたび、激励するつもりが私の方が力をもらって帰った。

総理として復活した安倍は、最初に訪問する被災地として亘理町を選んだ。そして避難所を出て親戚の家に身を寄せている望美ちゃんを訪問した。たくさんの記者とテレビカメラがやってきて、望美ちゃんは最初は面食らっていたがとてもうれしそうだった。そして安倍は望美ちゃんにこう言った。

「おじさんは、避難所で望美ちゃんと最初に会った時の約束を忘れていないよ。望美ちゃんの小学校は、新しい建物になって、またみんなで一緒に通えるようになるよ」

望美ちゃんの通っていた学校は、ほどなく再建され全面開校した。離れ離れになった小学生達は、また同じ校舎で学ぶことができるようになった。

2013年1月28日、総理就任1か月の安倍は所信表明演説で東日本大震災についてこう述べた。

「被災地のことを想う時、私はある少女とその家族の物語を思い出さずにはいられません。東日本大震災で、小学校3年生だった彼女は、ひいおばあさんとお母さんを亡くしました」

望美ちゃんとの出会いを極めて個人的な経験と思っていた私は、公の演説で安倍が具体的に言及したので驚いた。

安倍はこう続けた。

「過去を振り返るのではなく、将来への希望を伝えてくれたことに、私は強く心を打たれました。故郷《ふるさと》の復興は、被災地の皆さんが生きる希望を取り戻す作業です。今を懸命に生きる人々の笑顔を取り戻す。それは、その笑顔をただ願いながら天国で私達を見守っている犠牲者の御霊《みたま》に報いる途《みち》でもあるはずです」

安倍の所信表明演説を聞きながら、まず望美ちゃんの顔が浮かんだ。そして、「天国で私達を見守っている御霊」というところで中川昭一の顔が浮かんだ。望美ちゃん宅を訪問するたびに私が力を受け取るように、この二人が安倍の復活に向け大きな力となったことは間違いない。

「外面の復活」を演出した第二次安倍政権の主役達

東日本大震災から1年が経った2012年前半は、民主党政権の退潮著しく、自民党が政権を奪い返す可能性が日増しに強まっていったが、安倍の気持ちはまだまだ総裁選からは遠いところにあった。盟友の死と震災を経て、内面的には使命感を取り戻しつつあったが、4年半前の「政権投げ出し」はまだ人々の記憶に生々しく残っており、「外の傷」は癒えていなかったのである。

「内面の修復」が先行していたこの頃の安倍に、わずかな、しかし重要な変化を与えたイベントがある。それは2012年4月の高尾山登山である。安倍は2008年から、折に触れて高尾山や丹沢など関東近郊の山に登るようになった。登山のアイディアを安倍に提案したのが、現在総理補佐官と内閣広報官を兼務している長谷川榮一である。長谷川には二つの狙いがあった。まずは、内外に体調回復をアピールすることである。総理辞任の遠因となった潰瘍性大腸炎という持病については、2009年に発売された特効薬アサコールが安倍の体質によく適合し、体力面では十分に自信を取り戻していた。そこで長谷川は健康を回復した安倍を国民に直接見せて復活をアピールしたいと考えた。そしてもう一つ、長谷川が重要視したのは、一般の登山客と安倍が触れ合うことで、安倍に政治家としての自信を取り戻し対外的に闘争モードに入ってもらうことだった。

長谷川は第一次安倍政権で辛酸をなめた当時の官邸スタッフや、何人かの記者に声を掛け、定期的に山登りを企画した。第二次安倍内閣で筆頭の総理秘書官を務める今井尚哉、内閣情報官の北村滋、財務事務次官の田中一穂など、復活後の安倍を支える多くの重要スタッフが、ほぼ欠かさずこの登山に参加した。

3回目となる2012年4月の登山は、相模湖側から高尾山頂を目指す一日がかりのハードなコースが選ばれた。そして、総裁選を5か月後に控えたこの登山には一つの企画が仕込まれた。フェイスブック上で、「安倍元総理と一緒に登りませんか」と一般国民に呼びかけたのである。これは、長谷川にとっては一種の賭けだった。人が全然集まらなかったり、批判的な立場の登山客から罵声を浴びせられたりしたら、安倍の闘う姿勢を取り戻すという企画意図とは正反対の結末を迎えるリスクもあったからだ。

4月30日の当日は薄曇りで暑すぎず寒すぎず、登山には絶好のコンディションだった。朝早くJR相模湖駅に降り立った安倍は、妻の昭恵、長谷川ら旧官邸スタッフ、さらに何人かの記者とともに山頂を目指した。道中には急峻《きゅうしゅん》な上り坂が続くところも何か所かあって、一行は息を切らしながら3時間ほど黙々と登った。山頂手前の視界の開けた小仏城山という休憩所で小休止したが、この地点までは一般の登山客もそれほど多くなかった。

ところが、昼前に休憩を終えて山頂に近づくにつれて雪だるま式に人が増えていった。そして、山頂に向かう最後のアプローチに到着した頃には、フェイスブックの呼びかけを見てやってきた300人はいようかという登山客が、安倍の周りで大きな塊を作った。

「わざわざ安倍さんを見るためにここまで来たんだよ」

「安倍さん、すっかり元気になったねぇ」

「頑張ってよ！　応援しているよ」

同じ山を登ったという仲間意識も手伝ってか、安倍に掛けられる声はどれも温かかった。安倍と昭恵は、満面の笑みで記念撮影の求めに応じ、握手をし、言葉を交わした。登山客との交流は小一時間続いた。その様子を少し離れたところから見つめていた長谷川は、感極まった表情をしていた。

後日、安倍はこの登山についてこう語っている。

「政治家にとって、ああいう形で国民の皆さんと虚心坦懐《きょしんたんかい》に触れ合う機会というのは本当に貴重なんだよ。もちろんあの日は、厳しい叱咤《しった》や罵倒の声を浴びせられることも覚悟していた。だからこそ、皆さんの温かい声が大きな力になった」

もはや自分は世の中から必要とされていないのではないか、とまで思い詰めることもあった安倍。この日の経験は、先行していた「内面の修復」に「外面の復活」が追いつき始めたという意味で、5か月後の総裁選に向けて一つの転機となった。

安倍の闘争心に火をつけた菅

しかし、有権者のそこはかとない期待だけでは、安倍は政治家として完全復活することはできない。ましてや「総理・総裁への返り咲き」という究極の復活を目指すのであれば、当然自民党の総裁選で勝利を収めることが前提となる。そのためには安倍を担ぐという明確な意思を持った力のある政治家が参集する必要があった。

第二次安倍政権発足時における政治家の主要メンバーとしてまず頭に思い浮かぶのは菅官房長官、麻生副総理兼財務大臣、高村正彦副総裁だ。この3人のベテラン議員は2012年の総裁選でそれぞれに重要な役割を果たした。当初劣勢とみられていた安倍が総裁選で最終的に勝利を収める過程において、各人各様に安倍との間で強い信頼関係が生まれた。

なかでも、現在の安倍政権を支える大黒柱といえば菅義偉官房長官。これに異論を唱える人はいないだろう。安倍の菅への信頼は絶対的だ。安倍は政権が取り組む重要な案件のほとんどに菅を関与させ、具体的かつ強大な権限を与えている。そして与えられた権限をフル活用して菅が取り組んでいるのが官邸主導の政策立案であり、その骨格をなすのが霞が関をコントロールするための「人事術」である。菅は慣例にとらわれず、時に予想もつかない人事を断行することで官僚達をグリップしている。

菅の独創的な人事術を象徴するのが、2013年8月の海上保安庁長官人事だ。海上保安庁は国土交通省の外局であり、その長官ポストは長く次官レースに敗れた旧運輸省系のキャリア官僚の指定席となっていた。ところが、菅は大鉈《おおなた》を振るって積年の慣習を打ち破った。海上保安官として入庁した生え抜きの佐藤雄二を長官に抜擢したのである。海上保安庁で制服組が長官になるのはこれが初めてだった。

菅は私にこう述懐する。

「佐藤君は、アルジェリアの日本人人質事件の時などに官邸に説明に上がってきた時の対応が非常にしっかりしていて、その時から目をつけていたんですよ」

「命を懸けて国境線を守っている組織の長が、キャリア官僚の上がりポストになっているというのはおかしいでしょ？」

こう淡々と振り返る菅だが、霞が関の論理はそれほど簡単ではない。旧運輸省と旧建設省が合併して生まれた国土交通省は、建設省出身者、運輸省出身者、そして建設省技官出身者の三者が順繰りに次官に就任する。この「たすきがけ人事」は複雑を極めていて、運輸省出身者にとっては、海上保安庁長官は人事パズルを円滑に遂行する上で重要なポストだったのだ。

人事や予算など、省益に関わる分野に政治家が介入した際の、キャリア官僚の抵抗は想像を絶するものがある。小泉純一郎は1992年、宮澤喜一内閣で郵政大臣に就任したが、郵政民営化を公言していただけに徹底的な抵抗にあった。本来なら我先にと新任大臣への「ご説明」に注力するはずの局長クラスが誰もやってこない。小泉時代の郵政大臣室は、文字通り閑古鳥が鳴いていたという。役人の露骨なサボタージュに対して小泉が闘志を燃やし、後の郵政民営化のエネルギーとなったことは想像に難くない。

こうした省益を守るためには手段を選ばない役所の本性を知ると、政治家の多くは役人との衝突をできるだけ回避しようとする。特に幹部人事には官僚が最も敏感に反応するだけに、格別の事情がない限り役所が持ってくる人事案をそのまま追認することがほとんどだ。しかし菅は違った。菅は役人の抵抗を承知で、敢えて度肝を抜くような人事をやってのけるのだ。

生え抜きの佐藤を長官に抜擢する案を菅から示された時は、さすがの安倍も驚いたという。

「確かに素晴らしい案だけど、海保の長官を生え抜きから選ぶなんて並大抵の考えじゃできない。役所の幹部ポストを召し上げたら、キャリア官僚が丸ごと皆横になっちゃう（サボタージュする）。彼らの抵抗の激しさを承知で敢えてやる菅さんはすごいよ。霞が関の常識と前例に全くとらわれない。正しいと思ったことは断固実行する。そして、役人がどの程度抵抗するのかも計算しつくした上で、その後の対応も周到に準備する。そこが菅人事の真骨頂なんだね」

この大抜擢人事は、現場の海上保安官の士気を大いに高めたといわれている。また、官邸のゆるぎない意志を見て取った国土交通省のキャリア官僚からは、さしたる抵抗もなかった。

さらに、この経緯を横目で見ていた他省庁も「菅さんを怒らせたら、明日はわが身だ」と震え上がったという。

菅の人事は大鉈を振るうばかりではない。場合によっては俊敏に先回りして役人の抵抗を未然に防ぐ。典型的な例は２０１５年の政策投資銀行の社長人事だ。

財務省が所管する特殊法人である政策投資銀行は２００７年、天下り批判に対応する形で50年ぶりに民間人をトップに登用して以降、民間人が社長を務めてきた。しかし２０１５年の社長交代のタイミングをとらえて、財務省がＯＢをトップに据えるべく猛烈な根回しを開始した。

２０１５年早春。「政投銀のトップに財務省ＯＢを返り咲かせる人事案がまもなく麻生に届けられる」という内部情報が菅のもとに寄せられた。「官僚主導に戻すわけにはいかない」という強い決意で財務省と対峙する覚悟を決めた菅は、急遽副総理兼財務大臣の麻生に面会を申し入れた。

菅は麻生にこう言った。

「まもなく（財務省の）事務方が麻生さんに政投銀のトップ人事を持ってきます。これはいったん預かった上で、私に連絡をください。安倍政権は、天下りの復活を許すわけにはいかないんです」

案の定、麻生と菅が面会した直後、当時の香川俊介財務事務次官が天下りの人事案を麻生のもとに持ってきた。麻生から連絡を受けた菅がこれを突っぱね、生え抜きの柳正憲を社長に据える人事案を財務省に提示した。これに対して財務省側は「大変恐縮ですが、柳さんでは能力的に務まりません」と言ってのけたという。しかし麻生と連携した菅は予定通り柳を社長に据えた。以来、柳氏率いる政投銀は、金融危機発生時の中小企業の資金繰りを支援するスキームを構築して地方創生を下支えするなど、安倍政権の様々な経済政策に関して積極的な役割を果たしている。

「官庁のなかの官庁」といわれる財務省の情報収集能力は、永田町の老練な政治家ですら震え上がらせる。実際、旧大蔵省と対立して最終的に失脚していった政治家は枚挙に遑《いとま》がない。その財務省をねじ伏せるために、菅は自ら構築したネットワークを利用して事前に情報を集め、周到に準備をして機先を制したのである。

安倍内閣は2014年5月、内閣人事局を作って、各省庁の幹部人事を官邸で一元的に掌握する制度を確立した。しかし、制度だけ作っても官僚の人事案を追認するだけであれば霞が関をコントロールすることはできない。今まで見てきたように、時に「霞が関の常識」を打ち破る政治主導の人事案を断行してこそ、本当に意味のある制度となる。そして、もう一つ菅が大切にしているのが情報管理である。

初代内閣人事局長は当初、官僚出身の杉田和博官房副長官が就任するものとみられていた。しかし、ふたを開けてみたら、安倍総理の腹心であり自民党の衆議院議員である加藤勝信官房副長官が抜擢された。これについても真の政治主導を確立するため初代局長には官僚でなく政治家を登用すると決めた安倍と菅が、最後まで情報を漏らさず、霞が関に抵抗させる隙を与えなかったことが大きい。

さらに、初代局長に就任した加藤はこうした経緯を熟知しているだけに、中央省庁の重要なポストについては菅とがっちりタッグを組み、機微に触れる人事については菅に逐一相談した。そして慣例を破るような人事はたいてい菅が発案し、加藤と協力しながら実行に移した。内閣人事局という新しい制度に政治主導という命を吹き込んだのが、菅だったのだ。内閣人事局発足後2年余りの間に、菅は役所が持ってくる数多くの幹部人事案や大使人事案を役所に突き返した。その時の菅の殺し文句は、

「どうでしょうね。この案を総理が納得すると思いますか？」

これが安倍内閣の霞が関コントロール術の骨格となった。

菅は霞が関に情報ネットワークを張りめぐらせ、歪んだ慣例や埋もれている人材の発掘に

余念がない。そして改善すべき点や、これはという人材を見つけると、役人の行動パターンを計算して機先を制する。一方安倍は、総理大臣の力の源泉である人事権のうち、霞が関に関するものをほぼ全面的に菅に委託する。また、重要な人事方針については関与する人間を絞り込んで情報管理を徹底する。そして最後は総理大臣たる安倍の名前を出して菅が役人に引導を渡す。役人につけ入る隙はない。逆にいえば、ここまでやらなければ官邸は霞が関をコントロールできないのである。今では「菅さんを怒らせたら大変なことになる」という恐怖心が霞が関の隅々まで行き渡った。

片や祖父は総理大臣、父は元自民党幹事長という政界のプリンス。片や秋田の農家出身のたたき上げ。安倍と菅は一見生まれも育ちも政治家としてのタイプも全く異なるように思える。二人を結ぶかすかな縁といえば、安倍の祖父・岸信介が辣腕を振るった満州で、菅の父・和三郎が南満州鉄道職員として働き、岸がデザインした満州国の首都・通化で終戦を迎えたことぐらいだろうか。その和三郎は、復員して郷里の秋田に戻った後、郷里の名産「秋ノ宮いちご」のブランド化に成功し、町会議員を務めるなど卓越した政治センスを持っていたといわれている。その血を引き継いだのか、菅は上京すると政治家を志すようになり、横浜市議を2期務めた後、1996年の総選挙で神奈川2区から出馬し初当選を果たした。安倍が父・晋太郎の地盤を継いで初当選した3年後のことだった。政治家になった後も、安倍は清和会、菅は宏池会と別の派閥に所属したこともあり、しばらくは表立ったつながりはなかった。

この縁遠かった二人が最初に連携したのが、2006年6月に発足した「再チャレンジ支援議員連盟」である。派閥の力学が総裁選の帰趨《きすう》を決するのが当たり前だった当時、菅が「派閥の枠を超えて政策で議員を糾合すべきです」と安倍に進言して生まれたこの派閥横断型の議連は、安倍の総裁選圧勝の原動力となった。総裁選を通じて菅が見せた戦略と実行力に感嘆した安倍は、総理に就任すると菅に総務大臣と地方分権改革担当という重要なポストを与えた。こうして菅は、「チーム安倍」の仲間入りを果たしたが、当時はまだ何人かいる側近議員の一人という位置づけだった。菅がone of themから抜け出し、安倍から圧倒的な信頼を寄せられるようになったのが、ほかならぬ安倍の復活劇、すなわち2012年9月の自民党総裁選だったのである。

ためらう安倍、筋を通す麻生、背中を押す菅

2012年はゴールデンウィークが明けても与党民主党の支持率は上向かず、次の総選挙で自民党が政権復帰するという見方が強まっていたことから、9月に予定されていた自民党

総裁選は事実上次の総理を決める選挙とみられていた。早くから総裁選への意欲を公言し虎《こ》視眈々《したんたん》と準備を進めていたのは、自民党総裁の谷垣禎一、石原伸晃元幹事長、そして石破茂元防衛大臣だった。

安倍は周囲の支えもあって心身ともに自信を取り戻しつつあったが、総裁選出馬についてはは初夏になってもまだ本気にはなれずにいた。安倍を支える同僚や側近議員のほとんども、「時期尚早」と出馬に慎重だった。さらに母の洋子や弟の岸信夫衆議院議員など、安倍の家族もこのタイミングでの出馬には反対の立場を明確にしていたという。妻の昭恵だけは明確に反対はしなかったが、「どんな決断でも応援する」という立場だった。安倍の周りを見渡しても、明確な「積極的出馬論者」は見当たらなかった。ただ一人違っていたのが、菅義偉だった。

菅は安倍が退陣を表明した正にその日、周囲に「絶対に安倍を復活させる」と言い切って官邸を去った。そして正式退陣の1週間後には、時事通信の田崎史郎に対し、「安倍政権は必ず再評価されると思いますよ。安倍さんが見直される時は必ず来ると思います」と繰り返した。それから5年の間、菅は安倍を総理として復活させるべく、独り戦略を温めていたのである。

そして2012年の春頃になると、菅は具体的に総裁選出馬に向け安倍の説得を開始した。

当時菅は表向きこう言っていた。「今回出ておかなければ、安倍さんの禊《みそぎ》はいつまで経っても終わらない。勝つに越したことはないが、たとえ負ける可能性があるとしても、戦闘姿勢を見せるには、今出るしかないんですよ」。しかし菅は、実は早い段階から勝てるとみていた。菅はこの時期私に対して、「決選投票に残れば、石破との一騎打ちとなる。議員票だけで争われる決選投票なら、石破には絶対勝てる」と断言していた。

「今しかない。負けても次があるし、十分勝算はある」。菅は、こう言って安倍本人と安倍側近グループを説得し続けた。しかし菅の説得にも、側近グループの反応は鈍かった。「今回出たらまたKY（空気が読めない）などと言われるんじゃないか」とか、「惨敗したら次はない」など、出馬に反対する声がほとんどだった。

菅の力強い説得と、ほかの側近議員達の強い反対。安倍の心中で、「いける」と思える気持ちと「まだ早い」と自重する気持ちが日替わりで交錯した。菅は安倍に頻繁に連絡し激励しながら、安倍の心中の変化を慎重に観察していた。そんな状況に大きな変化を与えたのが、7・8月に行われたマスコミ各社によるいくつかの世論調査だった。新聞社によって多少のばらつきはあったが、当時トップランナーと目されていた石破と伍《ご》しても、安倍は十分戦えるだけの支持を得ているという内容だったのである。これは大方の予想を大きく裏切り、菅の主張を強く裏づける形となった。安倍は当初「負け戦なら出ない」と内心決めていたが、この結果を目にして心は出馬に大きく傾いた。この世論調査の直後、安倍は菅に対し「勝算が少し出てきたね」と言った。出馬に向けた意欲をここまで示したのは初めてだった。菅は手ごたえを感じた。

安倍の気持ちが出馬に向かっていると楽観していた菅を動揺させたのが、連日の猛暑が少し和らいだ8月中旬の出来事だった。電話で安倍と話す機会があった菅は、いつものように出馬を念押しした。ところが安倍の反応はなぜか一気に後退していた。

「いろいろな選択肢があるよね」

いつになく弱気につぶやいた安倍の様子に、菅は不安になった。心境の変化があったのか。総裁選告示は確定していなかったが、9月中旬となるのはわかっていた。逆算すれば、もう迷っている時間はなかった。

菅が安倍の反応に不安を覚えた翌日、私は安倍と代々木の住宅街にあるレストランで食事をした。休日の夕方だったこともあり、久しぶりにくつろいだ様子でビールを口にした安倍はこんなことを言った。

「菅ちゃんは勝算はあるし、たとえ負けてもそれは避けて通れない禊の儀式なんだと言うんだよね。しかし菅ちゃん以外は皆、時期尚早だと言うんだ。それに、今出れば禊にならないどころか致命傷になると言う人が少なくない。菅ちゃんの気持ちは本当にありがたいだけに、何と言って説明すればいいか考えちゃうよね」

　このやり取りで、安倍の示唆した結論は明快だった。「出馬見送り」。そして、できれば私にも、菅に対してその結論を伝えて欲しいという意味にも受け取れた。安倍と別れてすぐ、私は菅に電話を掛けた。

「今日の様子だと、安倍さんはやっぱり出ないと思いますよ」

「え、やっぱり？　今日会ったの？　何て言っていた？」

　私は正直に伝えた。菅は珍しく電話の先で数秒黙り込んだ。

「……これから行ってくるわ」

　電話を切ってすぐ菅が向かったのが、東京・富ヶ谷の安倍私邸だった。背広の内ポケットには議員要覧を携えていた。全国会議員の顔写真入りのリストをまとめた小冊子である。

「このグループは、石原支持ですが、決選投票になればこちらに来ます」

「この議員は実は、初回投票から決選投票まで一貫して安倍さんに投票してくれます」

　菅は、出馬を躊躇する安倍を言葉で説得するのではなく、総裁選の票読みをしてみせたのである。菅のシナリオは具体的だった。総裁選に出馬するのが安倍、石破、石原の3人だった場合の菅の読みは次の通りだった。

- 1回目の投票は地方票に強い石破がトップをとる。
- 安倍が勝つためには1回目の投票で2位に入る必要があるが、最悪でも40票以上の差をつけて石原に勝てる。
- 3位の石原票は、決選投票ではほとんど石破には行かない。2位・3位連合の形になれば必ず石破に勝てる。

日本の戦後史のなかで「2位・3位連合」という言葉が最初に使われたのは1956年、安倍の祖父・岸信介が石橋湛山と総裁の座を争った時のことだった。この時1回目の投票で岸は2位の石橋に72票の大差をつけたが、3位となった石井光次郎と石橋との間で、「どちらが2位になっても、3位になった方は決選投票で2位に投票し岸を倒す」という事前の密約が成立しており、岸は決選投票で敗れた。それ以降、自民党総裁選が決選投票の逆転劇で決着したことは一度もなかった。祖父が総裁選で敗れた経緯を熟知していた安倍は、歴史の因果に思いを致さざるをえなかった。しばらく黙り込んだ安倍が、ついに口を開いた。

「やってみる価値はあるね」

これ以降、安倍が不出馬方向にぶれることはなかった。

8月29日、読売新聞が「安倍元総理、出馬の意向」と打った。安倍サイドからの情報を元に、許可を得て書いた記事だった。安倍と菅は、自ら退路を断ったのである。そして総裁選当日、初回投票と決選投票の展開は、菅が安倍に描いてみせたシナリオ通りに進んだ。初回投票と決選投票の各候補の獲得票数も、菅の事前の票読みとほとんど一致していた。

決選投票で総裁の座を射止めた直後、自民党本部4階で私と遭遇した菅は、満面の笑みで握手を求めてきた。

「○○だけは誤算だったな。あとはパーフェクトだったでしょ？」

不敵な笑みの最後に、こうつけ加えた。

「あの夜の山口君の電話がなければ、今日という日はなかった。ありがとう」

一方の安倍は、この頃私にこう述べている。

「菅さんは恐ろしい人だね。絶対敵に回しちゃいけない人物だよ」

笑顔だったが目は笑っていなかった。敗色濃厚といわれた総裁選を勝ち抜く過程を通じて、菅の覚悟と殺気を改めて痛感した。そして安倍は二度目の総理という「再チャレンジ」を、この男と組んでやってみようと決めた。3か月後、安倍は菅を官邸の大番頭、官房長官に任命した。第一次安倍政権の崩壊でともに地獄に堕ち、復活の総裁選で大博打《おおばくち》に打って出た安倍と菅。くぐり抜けた試練の大きさが、この二人の絆《きずな》を不動のものにしている。

「渡世の仁義」──副総理と副総裁

総裁選に出るべきか出ざるべきか。悩み抜いた安倍を一貫して支え、背中を押し続けた菅の官房長官就任は当然の流れだった。しかし総理と官房長官だけでは政権は回せない。政府と党の両方に、政権を支えるぶれない実力のある議員を配置しなければならない。この意味で、第一次安倍政権になくて第二次安倍政権にあるのは、安倍を本気で支えようというベテラン議員達の存在だ。なかでも、重要な役割を果たしているのが麻生と高村である。

麻生副総理と高村副総裁。この二人も、2012年の総裁選では、決選直前に重要な役割を果たした。当初麻生は安倍ではなく谷垣を推していた。それではなぜ、麻生は谷垣支持から安倍支持に転じたのか。そしてなぜ高村は麻生に続いたのか。この経緯こそが第二次安倍政権の重量級ツートップ、副総理と副総裁誕生の礎になっていることから、時計の針を2012年9月に戻して、主に麻生の動きを中心に振り返りたい。

安倍が菅に推されて総裁選出馬に色気を見せ始めていた頃、私は麻生とじっくり話す機会があった。麻生は「安倍は、将来的には十分復活の芽がある」と前置きした上で、こう主張した。

- 健康上の問題で総理を辞めた人間は、総理の激務に耐えられるということを、何らかの形で証明しなければならない。
- 外務大臣や財務大臣など、激務の大臣をやって健在ぶりをアピールすべきである。安倍は官房長官はやったが、役所のある大臣を経験していない。自分の役所を本気で守ろうとする官僚のすさまじい自衛本能を、大臣としてじっくり体感してから総理を狙う方がいい。
- 谷垣の総裁就任後、自民党は知事選、地方自治体の選挙をすべて勝っている。谷垣は政権奪取確実なところまで、自民党を立て直した。その谷垣が出るという以上、それを尊重するのが礼儀だ。自民党総裁を経験した安倍なら、この論理はわからないはずがない。

ここまで一気に話すと、麻生は私の眼を見てこう言った。

「麻生がこう言っていたと、お前からよく言っておけ」

翌日、私は麻生の伝言をできる限り正確に安倍に伝えた。安倍は真剣な顔をしてじっと話に耳を傾けていた。私が話し終わると、こうなった。

「常々仁義を大切にしている麻生さんらしいね」

麻生が谷垣総裁の再選支持を譲らなかった背景には、河野洋平への思いがあった。麻生派の前身は河野洋平が率いた「河野派」だ。河野は、戦後自民党が初めて野党に転落した1993年、自民党の総裁を務めた。戦後政治のほとんどの期間において自民党総裁と総理大臣は同義語だっただけに、初の「野党自民党総裁」という仕事の悲哀は、筆舌に尽くしがたいものがあった。麻生にとっては、二人目の野党自民党の総裁である谷垣の背負ったものの重みが痛いほどよくわかっていただけに、谷垣を男にしてやりたいと考えた。だからこそ、盟友の安倍の出馬に際しても、麻生は「谷垣を推すのが筋」との立場を崩さなかったのである。

そして9月10日の朝、谷垣は麻生に電話して「いよいよ総裁選に正式に出馬します。よろしくお願いします」と再支持を確認している。ここまでは麻生にとって予定通りの展開だった。ところが昼前、異変が起きる。谷垣が突如午前11時半に記者会見をして、出馬断念を発表したのである。

麻生はこの時の驚きを鮮明に覚えている。あまりの衝撃に麻生は自らの情報ネットワークを駆使して、この日の谷垣の行動を自ら調査したという。その結果によれば、麻生への電話から突然の出馬断念会見までの1時間半の間に、谷垣が面会した人物はたった一人。閣僚や党の要職を歴任した、自民党のベテラン議員だった。空白の1時間半の間に何があったのかは、ここでは触れない。しかし、麻生が筋論で推していた谷垣の不出馬が決まったことで、総裁選の構図は一変した。翌日の夜、私は麻生と安倍と3人で都内のバーの小さな個室に集まった。3人で集まると砕けた雑談から会話が始まるのが常だったが、この夜は場の空気が違っていた。ピリピリとした緊張感のなかで、麻生がいきなり本題に入った。

「谷垣が出ないとなった以上、状況が変わった。安倍さんは出ると聞いているが、勝てるのか？」

「麻生さんが応援してくれなきゃ勝てませんよ。しかし、応援してくれるなら勝てる」

平素あまり断定的な表現をしない安倍の決然としたもの言いに、麻生が応えた。

「わかった。経緯はどうあれ、俺にはほかの二人（石原、石破）という選択肢はない。安倍がやるなら俺は乗る」

いったん決断すると、麻生の動きは早かった。まず、その夜のうちに盟友である高村正彦に連絡し「谷垣が出ない以上、安倍支持でいきますよ」と伝えると、高村は「麻生さんが決めたなら、私もそうします」と即応した。

高村は、自らの派閥・高村派を、麻生派と合併する形で発展的に解消する案を模索したことがある。小さいが伝統ある派閥を率いてきた高村にとっては重い判断である。自分のかわいがっている傘下の議員を丸ごと預けようというほど、麻生のことを信頼していたのである。その麻生が安倍支持を決めた以上、高村には拒む理由がなかった。

麻生は高村と相談し周到に準備をした末、2日後の9月13日の派閥総会で安倍支持をぶち上げる方針を固めた。私は麻生派の担当ではなかったが、事前に麻生から聞いていたので、テレビカメラを連れて麻生の会見を聞きにいった。会見に臨む麻生の表情は、まるで自分の出馬会見のように鬼気迫るものだった。

「谷垣総裁が出馬されないというご決断をされた以上、麻生派としては一致して安倍元総理を支持する」

麻生は安倍支持には回らないというのが一般的な見方だったから、永田町には衝撃が走った。さらに、この後麻生の口をついて出た言葉が記者の度肝を抜いた。石原伸晃批判だった。

「(谷垣という)自らのボスの寝首を掻《か》く、明智光秀みたいなやり口は、私の渡世の仁義では許されない」

織田信長が宿願の天下取りにあと一歩で手が届こうかというところで寝首を掻いた明智光秀。谷垣総裁の下で幹事長を務めていた石原伸晃を、天下の逆臣になぞらえた麻生の言葉は強烈だった。総裁選の初回投票で、安倍と2位を争うことが確実視されていた石原陣営にとって、「裏切者イメージ」の刷り込みは大きなダメージとなった。

そして、麻生の会見の30分後という練りに練った時間設定で会見に臨んだ高村も安倍支持を高らかに謳《うた》い上げた。この1時間足らずの間に行われた二つの記者会見は、夕方のニュースで大きく扱われた。この結果石原陣営は、頼みの綱だった派閥連合という戦略を打ち砕かれ、イメージ戦略でも深い傷を負った。この麻生と高村の連携が、安倍の勝利に大きく貢献した。

総理・総裁となった安倍は、この二人に副総理と副総裁という、政府と党の自らに次ぐポストをもって処遇した。安倍のしたたかなところは、この人事を単なる論功行賞に終わらせず二人に安倍政権の命運を左右する重要な仕事を与えたことだ。麻生には財務大臣を兼務させ、最重要課題の一つである経済の舵取《かじと》りを任せた。また、副総理という職位は総理・官房長官と並ぶ「政府首脳」という位置づけとなる。財務大臣を官邸の最高権力者チームに取り込むことで、最強の官庁といわれる財務省を管理・けん制する図式を作り上げたのである。

一方、高村には安全保障法制の議論をリードし、与党を取りまとめるという極めて難しい役割を与えた。当初「集団的自衛権の行使容認」というテーマに対して、平和の党を標榜する公明党は強く抵抗するとみられていたが、高村の老獪な政治力と明晰《めいせき》な論理展開によって、結果として一糸乱れず法案に賛成した。「経済」と「安全保障法制」という安倍政権の2本柱を託された麻生と高村は、今のところその能力を存分に発揮しているといえるだろう。

第一次安倍内閣では森、野中、古賀、青木といった重鎮達に人事や政局面で翻弄され続けたのに対し、復活後の安倍は自分より年上の政治家との軋轢がほとんど表面化しない。麻生や高村はもとより、谷垣、二階、額賀といった派閥の領袖クラスとも、戦略的互恵関係を維持することで、世代間闘争が発生するのを防いでいる。多くのベテラン議員が引退し影響力を低下させていったことを割り引いても、安倍の老壮青各層に対する党内統率力は、円熟味を増しているといえる。

第3章　消費税をめぐる攻防——麻生太郎との真剣勝負

ここまで、安倍の挫折と復活の過程において現在の安倍政権を支える政治家達が、どのように行動しどのように安倍との信頼関係を深めていったかを見てきた。それでは宰相の座に復帰した安倍は現在、「チーム安倍」のメンバーとどう向き合っているのだろうか。

メディアはえてして、政権内部の人間関係が円満な時には「なれ合い」と批判し、意見の食い違いが見られる時は「不協和音」「閣内不一致」と攻撃する。果断な決断をした際には「独裁者」、協調を優先すれば「優柔不断」、党や役所の自主性を尊重した場合は「丸投げ」と攻撃する。要するに、為政者が「何を」「どう」やろうとも、メディア側はそれを批判する形容詞を用意しているのである。

しかし、第一次安倍内閣に対してほぼすべてのメディアが使った「お友達内閣」というレッテルは、第二次安倍内閣に対してはほとんど聞かれない。これはなぜか。安倍と盟友達の間に「なれ合い」「妥協」はないか。あるいは「不協和音」はあるか。政権運営のなかで政策をめぐる議論はどのように交わされ、どのように対立を乗り越えているのか。現政権に対する国民の理解を深めるために、主に２０１４年末の解散総選挙前夜の消費税増税をめぐる安倍と麻生の激しい衝突について、私が目撃した事実を書き残しておきたい。

祖父が昭和の大宰相、自身も宰相経験者という特異な二人

麻生と安倍。私は何度となく3人で食事をし酒席をともにした。この経験を通じて断言できるのは、永田町広しといえどもこの二人ほど、いわくいいがたい独特かつ特別な関係は見たことがないということだ。

二人の祖父である吉田茂と岸信介はいうまでもなく、戦後の復興をけん引し日本のあり方をデザインした大宰相だ。昭和史に燦然《さんぜん》と輝く偉大な政治家を祖父に持つということは、同じ政治の道に進んだ二人にとって大きなアドバンテージであると同時に、常に「大宰相の孫」という目で見られるという負の側面も孕む。祖父の持つ強烈な光と影のもとで、常人には理解しがたい重い十字架を背負ってきたのが麻生と安倍なのだ。そして政界のみならず財界や皇室にまでつらなる絢爛《けんらん》たる縁戚関係を持ち、永田町では究極のプリンスとして、常に注目される「上座の男」であり続け、ついには宰相の座に就いた。そして二人とも塗炭の苦しみを味わって1年でその座を降りた。これほど特異な経験を共有する政治家は「安倍・麻生」以外、ほかにはいいない。

個人的に付き合ってみると安倍と麻生の共通点は多い。まずよく似ているのは、基本的に陽性であるという点だ。楽天的で逆境に強い。「最終的には万事うまくいく」という前向きな思考を持ち、大事な局面でそれを実現してしまう運も持っている。

その一方で、根本的に異なると思われるのは、政治家としてのDNAである。総理就任直後に襲ってきたリーマンショックに直面して、経済対策を優先するため解散を先送りした麻生には、戦後の復興を優先するため「軽武装・経済優先」という明快な方針を掲げた吉田茂の生き様とリアリズムが引き継がれているように見える。他方、反対を押し切っても国家のあるべき姿を追求して日米安保改定を成し遂げた直後に総理の座を降りた岸信介の理想主義が、安倍の政治家としての骨格に大きな影響を与えたこともまた、疑う余地はない。麻生はこの点について、総理の座に就く直前の2008年9月、「安倍晋三氏には岸信介以来の保守の理念に殉ずる気概があったが、私の政治哲学は吉田茂以来のプラグマティズムだ」と明快に解説している。究極の経験を共有しながら、質的に異なるDNAを受け継いだこの二人が、深い信頼関係を築くに至ったきっかけは、実はそう昔のことではない。

最初の実質的な出会いは、安倍が初当選した1993年にさかのぼる。この総選挙で自民党は結党以来初めて野党に転落し、党内には暗い空気が漂っていた。国会議事堂1階の第15控室（衆議院が自民党に割り当てた控室）から本会議場に向かう廊下の片隅で、初当選組の安倍、岸田文雄、塩崎恭久の3人が立ち話をしていたところ、通りかかった麻生が声を掛けたという。

「おい、お前ら暗い顔してるな」

するると、安倍がこう返した。

「当選してみたら野党ですからね」

「野党の新人議員じゃ時間を持て余しているだろうから、飲みに行くか？」

麻生の問いかけには、もっぱら安倍が応じたという。

「お願いします」

「じゃ、ホテルのバーで政策を語るか、きれいな女の人が横に座ってくれるところに行くか、どっちがいいんだ？」

すかさず安倍が答えた。

「後者でお願いします！」

この日の夜9時に、麻生行きつけの銀座のクラブで待ち合わせをした4人は、夜半前まで2時間半、硬軟取り混ぜた話題で大いに盛り上がったという。この夜のことを麻生は鮮明に覚えている。

「少し早めに銀座に着いて一杯やっていたら、定刻少し前に3人が揃ってやってきた。店の女の子が『どんなお仕事の方ですか？』って聞くもんだから、『同業者だよ、同業者』と答えたんだ。そしたら、安倍もほかの二人もルックスはまぁまぁだし、初当選でまだ永田町臭がしない爽やか風の青年だったから、店の若い女の子は俺を差し置いて徹頭徹尾3人と盛り上がるわけだ。当時53歳だった俺は、『俺の時代は終わった』と痛感したね」

一方の安倍は、麻生に対して憧れともいえる強烈な印象を持ったという。

「話がうまいし、一緒に過ごしてこんなに楽しい人はそういないと思ったよ。そして真面目な話を真剣にする。若者の話もバカにすることなくじっくりと耳を傾ける。本当に格好いいと感じた。政治からファッションまで、自分のスタイルを貫く人はそういないからね」

しかし、この夜はほかに政治家が同席していたこともあり、麻生と安倍の会話が自らのDNAに関わるような話に展開することはなかった。この後それぞれに政治家としての経験を積み重ねたが、年次も派閥も違ったため特別親しい関係とはならなかった。銀座の夜の後、二人がじっくり話す機会を持ったのは、何と12年後の2005年のことである。

10月の第三次小泉改造内閣で安倍は官房長官、麻生は外務大臣に抜擢された。安倍は麻生に対し、親しいある議員を副大臣として登用して欲しいと頼みにいった。同席したのはその議員と安倍、麻生、石原伸晃の4人だった。安倍は深々と頭を下げ、「どうか○○をよろしくお願いします」と言った。これに対し、麻生はこう言ってのけた。

「俺はこの男がどうも信用できないんだよ。普通だったら門前払いだが、安倍がそこまで言うなら考えてやるか。その代わり、一つ条件がある」

本人を目の前にしてここまで言い切る麻生に気圧《けお》されながら、安倍は次の言葉を待った。

「これが終わったら、安倍は俺ともう一軒付き合え」

結局その夜安倍は、麻生とホテルのバーで二人きりで遅くまで語り合った。互いの持って生まれた陽性な気性も手伝ってか、会話は最初から大いに盛り上がった。党内情勢、政治姿勢、安全保障など話題は多岐にわたった。そして語り合うにつれて、究極の政界プリンスという重い十字架を背負って生きてきたという共通点が、否応なく認知されていった。深夜店を出る頃には、政治家としての理念や哲学の違いをも忌憚《きたん》なく話し合い、違いを認めるからこそ相手を尊重できるというある種の信頼関係ができ上がっていた。

この後、安倍と麻生は、折に触れ食事をし、政策を語り、政局を議論するようになった。そのうちの何回かは私も同席した。二人の信頼関係が深まる過程を目撃した私は、二人の関係をどう形容すべきか折に触れて考えるのだが、なかなか適切な言葉が見つからない。永田町では政治家の関係を様々な形容詞で表現するが、安倍と麻生の関係は「ライバル」でも「お友達」でも「ズブズブ」でもない。かといって「盟友」というのも少し違う。敢えていうなら安倍から見た麻生は「畏友」とするのが近いだろうか。

ともあれ一つだけはっきりしているのは、二人が面と向かった時にだけ発生する、ある種の作法や礼儀と称すべきものが存在するということである。たわいもない雑談で盛り上がる様子は親友といっても差し支えないような関係だが、そんななかにも独特のマナーと緊張感がある。

そして、２００６年に安倍が、２００８年には麻生が総理となり、それぞれに「どす黒い孤独」を存分に味わい１年でその座を降りた後は、安倍と麻生の関係は質的変化を遂げたように見える。宰相という特異な仕事の経験が、二人の独特の関係をさらに深めたのである。しかし、この盤石に見える二人の間でも、政策の重要課題で意見が一致しないことはままある。異論をぶつけられるからこそ真の同志ともいえるのだが、そうした局面では、平素二人の間で通奏低音を奏でる独特の緊張感が一気に高まり、同時に互いへの敬意と尊重も高まる。一種の武士道や騎士道を彷彿《ほうふつ》とさせる関係ともいえる。

私はこの二人の緊張が最高潮に達した瞬間を、２０１４年の衆議院解散直前、オーストラリアのブリスベンで目撃した。それは別の見方をすれば、消費税増税見送りをめぐる安倍官邸と財務省の全面対決でもあった。

増税を先送りしたくない財務省の総攻撃

安倍は２０１２年12月の総理再就任前から大胆な経済・金融政策を周到に準備し、いざ総理大臣になるや「異次元の緩和」を主導して日本に蔓延《まんえん》したデフレマインドという停滞感を相当程度払拭した。日本経済が長年苦しんできた「株安・円高」という経済環境を短期間で改善したこともあり、これらの政策は総理の座に返り咲いた安倍政権のキックオフを大いに支えた。

ロケットスタートに成功したアベノミクスの前に立ちはだかったのは、２０１４年４月に予定されていた５％から８％への消費税増税だった。この増税は、民主党政権時代に決められた政治日程であり、「経済状況を見ながら」という条件がつけられていたものの、一般的には既成事実として受け止められていた。ところが安倍は２０１３年初夏、私邸で雑談していた時、私に興味深いことを言った。

「財務省ってさ、俺が日程通り消費税を８％にすると思い込んでいるんだよな」

「おやっ？　総理のそんな発言が漏れると、財務省が興奮しますよ」

安倍は私と目を合わせて、ニヤッと笑った。

「総理の頭の中に『上げない』という選択肢もあると知れば、霞が関の緊張感が一気に高まりますね」

「そうそう、なんか上げるのが当然みたいに言って回られると、カチンとくるよな」

サシだったこともあり、安倍は財務省に対する強い警戒感を露《あら》わにしていた。

「外堀を埋めているつもりなんだろ？　決めるのは総理大臣なんだからさ。アベノミクスの税収増分が何兆円も積み上がっているんだぜ」

政敵や反対勢力に立ち向かう時に見せる闘志が、安倍の表情には漲っていた。私は一計を講じた。私と安倍の関係を知る財務官僚に、「安倍新総理は消費税を上げないという選択肢を留保している」と言ってみたのである。財務省の反応は獲物を見つけた猛禽類《もうきんるい》のように素早く攻撃的だった。翌日の午後には、私の手元に「消費税増税を見送るデメリット」とされる資料が届いた。

・消費税増税は国際公約であり、増税見送りは日本の国際的な信用を奈落の底に落とす。
・日本の財政健全化に取り組む姿勢を疑われ、世界中で日本国債が売られ長期金利が高騰する。

Ａ４の用紙にパワーポイントで書かれた資料には、財務省のプライドと焦りが充満していた。安倍は最後まで不満顔だったが、結局２０１３年10月に、予定通り消費税を８％に引き上げると正式に発表した。翌年４月にいざ消費税が上がってみると、案の定、国民の消費マインドは冷や水をぶっかけられたように落ち込み、アベノミクスの先行きにも黄色信号が灯《とも》った。

一方、8％への引き上げは予定通り行われたものの、総理に就任してから10月の正式な増税発表までの間、安倍が増税先送りを検討していたという事実は、財務省に衝撃を与えた。そして、2017年4月に予定されている10％への引き上げを確実なものにするため、財務省は文字通り総力を挙げて手を打ち始めた。

財務省一家の増税への執念は、今に始まったことではない。日本経済を未だに苦しめているデフレが1997年の橋本龍太郎内閣による3％から5％への消費税増税に始まったとみる専門家は少なくない。当時は住専問題など不良債権処理が軌道に乗り、日本経済がようやく回復に向かい始めたばかりだったにもかかわらず、橋本は財政支出を大幅に切り詰めた上で消費税を上げた。一連の施策によって国民負担が9兆円増加したとする試算に従えば、そのうち5兆円が消費税増税によるものとなる。「ようやく重病から回復しつつあった病人を、病床から引きずりおろして寒空の下に放り出した」と批判された橋本は後年、「私の友人も自殺した。財政再建を早まって経済低迷をもたらした」と自らの経済財政政策について深い自責の念を口にしている。橋本は、自民党きっての政策通と呼ばれ、大蔵大臣をはじめ多くの閣僚を歴任した末に総理大臣に就任した人物である。ある意味では最も騙《だま》すのが難しいはずだった橋本に当時の大蔵省が繰り返し吹き込んだのは、「財政危機」と「歴史に名を残す宰相」という二つの殺し文句だったといわれる。

財務省は、「日本の財政がいかに危機的状況にあるか」を強調する傍らで、「国民受けが悪くても国家にとって必要なことに取り組むのが名宰相」という論理で、時の首相を籠絡してきた。振り返ってみれば、消費税を導入した竹下登にはじまり、5%に上げた橋本、8%、10%と段階的に上げることを決めた野田佳彦は、すべて財務（大蔵）大臣経験者である。財務省は自らの霞が関における圧倒的な権力と情報収集能力をフル活用し、宰相候補たる財務大臣に「ご説明」を重ね、あるいは恩を売り、あるいは恫喝《どうかつ》して、消費税増税に向かわせてきた。そういう意味では、安倍は財務大臣を経験したことがないのに、消費税増税を最終決断した初めての総理なのである。

こうした経緯を意識してか、チーム安倍は歴代官邸のなかでも最も財務省色が希薄といわれる。代わりに安倍官邸の事務方の中核は、経済産業省と警察官僚出身者が担っている。今井尚哉政務担当総理秘書官と長谷川榮一総理補佐官兼内閣広報官は経済産業省出身、杉田和博官房副長官と北村滋内閣情報官は警察庁出身だ。官邸中枢で総理の眼となり耳となる側近中の側近が、この二つの省庁出身者で占められているのは異例だ。安倍がどういう意図でこうしたチーム編成をしたのかをうかがい知るためには、今井の経歴を見るのが一番だ。

総理秘書官には2種類ある。事務の総理秘書官が財務省、外務省、警察庁といった霞が関の主要省庁から派遣されてくる官僚であるのに対して、政務担当の総理秘書官は、総理になる前から政治家に仕えてきた公設秘書などが務めるケースが多い。しかし安倍は2回目の政権発足にあたって、敢えて官僚の今井を登用した。すでに6年前の第一次安倍政権で事務の秘書官を経験していた今井は、第二次安倍政権で改めて派遣されてくる秘書官より当然年次が上で、しかも長年にわたる安倍との信頼関係も加わって、実質的な首席秘書官となった。今井は経団連元会長の今井敬と元通産事務次官の今井善衛を叔父に持つ霞が関のサラブレッドで、専門の通商政策やエネルギー政策に加え外交、安全保障、社会保障にわたる各分野の該博な知識と、大物政治家に対しても物おじせず政策の議論を理詰めで押し切る胆力で知られ、通産省同期入省の嶋田隆、日下部聡と並んで「通産省の三羽ガラス」と呼ばれた。しかし今井を今井たらしめているのは、総理秘書官としての哲学である。第一次政権でも、出身省庁の省益やしがらみにこだわらず安倍の政治主導に奉じる今井の姿勢は異彩を放っていた。安倍が総理を辞職した後も忠誠心は全く変わらず、折に触れて安倍の再起を支えた。私が忘れられないのは、2008年に今井が企画した安倍の学校視察である。総理辞任の傷がまだ癒えない安倍を、自分の子供が通っていた東京・目黒区の学校視察に招いたのである。

霞が関の各省庁では、有望な政治家に早くから担当の官僚を割り当てて信頼関係を構築させている。政策のみならず政敵や選挙区に関する情報すらも担当官僚が幅広く収集・分析して一蓮托生《いちれんたくしょう》の関係を築き、政治家が大成した時の省益拡大を狙うのである。ところが、今井の行動は省益とは無縁だった。最悪の形で総理を辞任した後、多くの政治家や官僚が潮が引くように安倍から離れていくなかで、今井は省益を離れて自らの意思で安倍を支えた。今井が学校視察を企画した狙いは、長谷川が安倍を登山に誘ったのとよく似ている。政治家が国民と直接触れ合うことでエネルギーを受け取り使命感が強まることを今井は熟知していた。また、安倍が教育改革に並々ならぬ意欲を持っていることを踏まえて、将来の日本を支える子供達と交流できる学校視察を選んだのである。子供達と語り合い、一緒に給食を食べ、記念写真を撮る安倍が、本当に生き生きとしているのが遠目に見ている私にも伝わってきた。そして、安倍以上にいつもと違っていたのが今井本人だった。秘書時代は難しい顔をして緊張感を漲らせていることが多かった今井が、まるで菩薩《ぼさつ》のような柔らかい表情をしていた。

年次的には経産省の次官候補であるにもかかわらず、今井は第二次政権で官邸入りして以降は一貫して自らの立ち位置を「片道切符」と言い切っている。安倍が総理であり続ける限り秘書官を続ける覚悟を鮮明にしているのだ。出身省庁への帰属意識を断ち切って、霞が関の反発が必至な政策でも厭《いと》わず断行し、拉致問題や原発政策など機微に触れる課題では進んで汚れ役を引き受けているように見える。役人としての出世に微塵《みじん》の興味も示さない今井は、もはや官僚のカテゴリーを超越している。

内閣情報官の北村滋、総理補佐官兼内閣広報官の長谷川榮一も、今井同様第一次安倍内閣で辛酸をなめ、野党時代の安倍を支えた。これに初代内閣情報官や内閣危機管理官を歴任し、安倍と菅の絶大な信頼を得ている杉田が副長官として霞が関に睨みを利かせる。霞が関のキングとして歴代官邸を牛耳ってきた財務省が、安倍官邸では完全に抑え込まれているのである。

平素から財務省と距離を置いている安倍が8％の引き上げの際に見せた不快感と増税後の景気低迷は、より一層財務省一家の自衛本能に火をつけた。その結果、10％への増税を確実なものとするため、ありとあらゆるリソースが投入された。

安倍の密かな決断と、財務省の抵抗

消費税の増税時期をめぐる安倍官邸と財務省の暗闘は、2014年9月に本格化した。日経新聞が9月8日に「もたつく景気回復」という連載をスタートさせるなど、世間的にも増税への黄色信号が灯り始めていた。そして、当の安倍は夏の終わり頃から増税先送りに傾き始め、9月上旬に発表された4─6月のGDPの数字が予想を大きく下回ったのを見て「増税先送り↓信を問う解散総選挙」を密かに決断していたという。これについて安倍は後になって私にこう述べている。

- 8％に上げた時の腰折れを考えれば、7―9月の数字を待つまでもなく消費税を上げる環境にない。
- 財務省と自民党の財政再建派の強硬な「増税断行論」を見れば、増税を先送りするなら、解散しなければ政権が持たない。

安倍のこの密かな決意を知ってか知らずか、財務省の増税に向けた大キャンペーンが9月中旬から始まった。最初に表に出てきたのが、9月3日の改造人事で幹事長に抜擢されていた谷垣禎一だった。財務大臣経験者の谷垣は筋金入りの財政再建論者だった。谷垣に幹事長就任を要請した際、安倍が「増税判断の前提として景気への目配りが必要」とクギを刺したくらいだ。

しかし、幹事長就任10日後の9月13日にテレビ局の番組に出演した谷垣は、早くも「大きな方向はあまり先送りしないでやっていかないといけない」「(税率を）上げた時のリスクはいろいろな手段で乗り越えられるが、上げない時のリスクは打つ手が難しい」と述べて増税を断行すべきとの立場を鮮明にした。温厚な谷垣にしては珍しい、強い口調だった。

さらにこれと相前後するタイミングで、「増税を先送りすると、経済・財政の広い範囲で不測の事態が発生する」「増税先送りの場合、社会保障関係の経費が捻出できない」といった、先送りのデメリットを強調する記事や論評が新聞や経済誌を飾るようになる。

財務省は平素から、主要紙の経済部記者や経済評論家と頻繁に接触し、意見交換と称して情報提供を行っている。記者サイドは財務省のラインに沿った記事を書くことで、情報を一手に握る財務省幹部の「覚え」がめでたくなりその後の仕事がやりやすくなる。こうして財務省の立場を補強する言論が巷に出回りやすくなっているのである。財務省にとって経済系メディアのコントロールは、世論を誘導する重要なツールである。

こうした財務省のメディア戦略に対し、安倍も頻繁にメディアに露出して対抗した。10月中旬には欧米の金融関係者に強い影響力を持つイギリスのフィナンシャルタイムズのインタビューに応じ、消費税率の引き上げが経済に大打撃を与えるなら結果として税収が増えず「無意味になる」と述べた。総理として慎重に言葉を選びながらも、税率引き上げの時期はあくまで自分が柔軟に判断する方針を強調し、「引き上げの既定路線化」をけん制し続けた。

次に増税擁護の論陣を張ったのが、第一次安倍改造内閣で官房長官を務めた与謝野馨だった。与謝野は財務大臣、経済財政担当大臣、金融担当大臣を兼任した唯一の政治家で、こちらも筋金入りの財政再建論者だった。かつて瀕死の安倍を支えた盟友でもある与謝野は、10

月下旬のロイター通信のインタビューに対し、「税率引き上げを先送りすれば日本は財政破綻への道を歩み始める」と警告、あくまで予定通り実施すべきと強調した。私が注目したのは、増税を求める与謝野の説明ぶりだった。

「国民に不人気な再増税を説得するのは、責任ある政治家の役割だ」

「財政危機」と「政治家の責務」。正に財務省が歴代総理を籠絡してきた論理だった。

さらに10月31日には、消費税を予定通り上げるべきだと安倍に直接進言する者が現れた。この日都内のホテルで安倍を囲んだのは、三菱東京UFJ銀行の平野信行頭取、三井住友銀行の國部毅頭取、みずほフィナンシャルグループの佐藤康博社長の3人。ミャンマーでの外国銀行の参入はこの時期、各国1行認められればいい方で韓国などは全く参入できなかった。そんななか、安倍がテイン・セイン大統領と交渉したことによって、日本のメガバンクは晴れて3行揃って参入が認められた。このことに対する謝意を述べたいと、メガバンク側が安倍との会食を要請してきたのである。安倍はいったん「わざわざお礼を言いに来ていただくには及ばない」と断ったが、メガバンク側が「どうしても」と再度要請してきたので、安倍、麻生とメガバンク側3人の5人での会食が決まったのである。

いざ当日顔を合わせてみると、メガバンクの3人が皆同じことを言うので安倍は呆れたという。

「消費税増税を前提に経済界は回っています」

「上がるのを前提にしていますから、マイナスのインパクトはほとんどありません」

などと、消費税増税を予定通り行うべきと繰り返し述べたという。国債を大量に保有するメガバンクが消費税増税に前向きであるのはわかっていたが、微妙な時期に露骨な言い回しをする３人に安倍は強い違和感をおぼえた。メガバンク側はさらに続けた。

「中小企業についても、元請けから『消費税が10％になったら仕入れ単価を上げてやる』と言われているから、消費税増税を心待ちにしている」

結局財務省に言われたことをそのまま言いに来たのだと確信した安倍は、不快感を露わにしてこう言い返したという。

「私もたくさんの中小企業の経営者から話を聞いていますが、消費税を上げて欲しいなんて言っている人は今までに一人もいませんでしたがね」

日本の金融界は政府の「落伍者《らくご》を出さない」という方針のもとで、長く大蔵省と日銀の厚い庇護《ひご》下にあった。１９９０年代後半に始まる金融ビッグバンを機に、このいわゆる「護送船団方式」は緩和されたが、現在でもメガバンクが財務省の強い影響下にあるのは変わらない。要するに財務省は「政官財マスコミ」という、持てるリソースのすべてを導入して、集中的に安倍を説得しようとしたのである。

「サボタージュ」と「バズーカ」

財務省の活動は、政界工作やメディア工作など、いわゆる「攻め」ばかりではなかった。実力派官房長官として霞が関に睨みを利かす菅に対しては、サボタージュという戦法に出た。10月中旬になると、安倍と菅は増税先送りに向けて次のステージに歩を進めた。10月中旬、財務省に対して「消費税を上げなかった場合のシミュレーションを作れ」と指示したのである。これは一つの賭けだった。というのは、これは事務方への作業指示であるとともに、「官邸が『消費税増税の先送りを検討している』という事実を財務省に知らせる」ことになるからだ。財務省の「妨害工作」に一層エンジンがかかることは目に見えていた。しかし、もう解散総選挙まで決断していた安倍は、敢えてこのタイミングで財務省を突《つつ》いてみたのである。

安倍と菅は、前述の与謝野の「増税先送り反対論」や野党民主党の「増税先送りはアベノミクス崩壊の証」といった財務省主導のネガティブキャンペーンを横目で見ながら、財務省からの資料提出を待った。ところが、泣く子も黙る菅官房長官による指示にもかかわらず、財務省は待てど暮らせど資料を持ってこなかった。痺れを切らした菅が「どうなっているんだ！」と叱責したところ、ようやく財務省が資料を持ってきた。ところが、その内容は極めて凡庸な公開情報の寄せ集めで、「消費税を上げる場合のメリット」と「消費税を上げない場合のデメリット」という、財務省に都合のいい情報ばかりを並べたものだったのだ。

総理大臣と官房長官の逆鱗《げきりん》に触れることがわかっていながら、臆面もなくサボタージュを繰り返す財務省のやり方に安倍と菅は呆れ果てた。しかしここまでは、いわば霞が関の常套《じょうとう》手段であり、官邸としてもある程度ディフェンス態勢は準備していた。しかし２０１４年10月31日、財務省出身者による最も意外な、そして最も強力な増税環境整備策が文字通り「炸《さく》裂《れつ》」した。ほかならぬ、黒田東彦《はるひこ》日銀総裁だった。

黒田日銀総裁は、就任以来アベノミクスを金融面で強力に支える、いわば守護神である。それは就任の経緯を見ても明白である。

民主党政権時代から一貫して大胆な金融緩和に後ろ向きだった白川方明《まさあき》日銀総裁は２０１３年３月19日、任期満了直前という屈辱的なタイミングで安倍新総理によって事実上更迭された。後任総裁となった黒田は就任わずか15日後の２０１３年４月４日、新たな金融政策を発表した。「大量の紙幣を市場に供給し健全で安定的な物価上昇による経済成長を目指す」とした全く新しい金融政策の内容は、正に「質量ともに前代未聞の金融緩和」で世界の市場関係者を大いに驚かせた。92円前後を推移していた円は、黒田の会見直後から下落に転じ、一気に103円程度まで円安が進んだ。1万1000円前後だった株価も1万6000円までほぼ直線的に上昇した。日本経済を覆っていた長年の停滞感を吹き飛ばし、目論見《もくろみ》通り「円安・株高基調」を創造した黒田の施策は、その衝撃を迫撃砲になぞらえて「黒田バズーカ」と呼ばれた。日銀総裁を更迭してまで異次元の金融緩和を断行した安倍は「即座に」「狙い通りの結果を出した」と評価され、政権のロケットスタートに成功したのである。これにより黒田は、政権の金融政策を支える「チーム安倍」の主要メンバーとみなされるようになった。

「黒田バズーカ2号」のタイミング

以来安倍・麻生と3人4脚でアベノミクスを推進してきた黒田は、同年10月31日、もう一度、日本と世界の金融担当者の度肝を抜く記者会見を行った。

- 足元の物価上昇が鈍化していることを受けて、資金供給量(マネタリーベース)を年10兆~20兆円増やし、年80兆円に拡大する。
- 長期国債の買い入れ量も30兆円増やし、年80兆円にする。

•上場投資信託（ETF）と不動産投資信託（J－REIT）の購入量を3倍に増やす。

これまでも前代未聞と評されていた金融緩和を、さらに質的・量的に大幅に拡大するというショッキングな発表は「黒田バズーカ2号」と呼ばれた。この会見は、年金積立金管理運用独立行政法人（GPIF）が日本株や海外資産の購入を増やす方針を発表したのと同じ日に行われ、さらにアメリカの日銀にあたるFRB（連邦準備制度理事会）が量的緩和の終了を決めたタイミングと重なったため、円安・株高をさらに大きく加速させた。

しかし、2発目の黒田バズーカの内容に対しては、実体経済への波及効果への疑問や金融緩和の出口戦略の難しさなどから「危険すぎる賭け」として否定的な意見も多かった。事実、日銀の金融政策は総裁・副総裁を含む9人の政策委員による投票で正式決定されるが、「黒田バズーカ2号」を決めた際は、賛成5反対4という薄氷の承認だった。金融の専門家の間でも意見の分かれる施策だったのである。

それではなぜ黒田は10月31日というタイミングをとらえてリスクのある大胆緩和を断行したのか。もちろん、減速傾向にあったアベノミクスを再加速させるという大義名分はあった。しかし、表向きには安倍は増税の是非を11月下旬頃に判断すると述べていたことから、様々な憶測を呼んだ。

民主党政権時代の2012年8月に成立した関連法で、消費税を2015年10月に8％から10％に引き上げられることが決まっていたが、「経済状況を踏まえて」内閣が延期や停止を決断できるという、いわゆる「景気条項」が付帯していた。裏を返せば、経済が確実に上向いているならば、安倍は消費税を上げざるをえなかったのである。安倍から増税先送りという選択肢を確実に奪うことができるのは、強い経済指標だけだったのだ。そして、その経済指標を劇的に改善するだけのインパクトを持っていたのが「黒田バズーカ2号」だった。

この決定に対して麻生は即座に「日本経済を後押しする力を与えてくれるものだ」という歓迎のコメントを発表した。その一方で、財務省や日銀関係者は異口同音に「日銀の金融政策と消費税増税は無関係」との立場を強調した。しかし、当時TBSワシントン支局長だった私は、この時期アメリカに滞在していた財務省関係者から全く違う解説を聞いた。ワシントン市内のイタリア料理店の片隅のテーブル席で、周りには日本語を解する人間などいないにもかかわらず、この関係者は辺りを気遣うように声を潜めてこう言った。

「私の立場で、『黒田バズーカ2号』が消費税増税の下準備だと言えるわけがないじゃないですか」

財務省をはじめとするいわゆる「高級官僚」は、物事を肯定する時によくこういう表現を使う。もし後で問題になっても「私は認めていません」という逃げが打てるからだ。この関係者も、絶対匿名を条件に次のように解説した。

- 増税実施の判断材料とされる7―9月の数字も非常に悪い可能性がある。
- そもそも、安倍総理は増税先送りに傾いている。
- 内外の不況宣伝を吹き飛ばした最初の黒田バズーカに匹敵するような大胆な施策によってのみ、消費税増税に向けた環境を整備することができる。

黒田東彦は、東大法学部在学中に司法試験に合格した秀才で、国家公務員試験を2番で合格し、1967年に大蔵省に入省した。2003年1月に退官するまでの36年間にわたって財務省職員だったのだ。しかも、「ミスター円」と呼ばれた榊原英資財務官の後任を務めるなど国際金融畑の印象が強い黒田だが、1978年に主税局調査課の課長補佐となって以降1994年に大阪国税局長を退任するまでの16年間は、税制の企画・立案を担当する主税局を主な活躍の舞台としていた。「アベノミクスの強力な推進者」と「徴税のスペシャリスト」。黒田には全く異なる二つの顔が同衾《どうきん》していたのである。

ワシントン中心部のアメリカ財務省に程近いレストランの薄暗い片隅で無駄に声を潜めて

いた財務省関係者は、私が「結局財務省と日銀は握っているんじゃないのか」と質問すると、黒人のウェイターが驚いてこちらを見るほど声のボリュームを上げてこう言った。

「山口さんらしくないですね。我々が日銀の独立性を侵害するようなことをしたと言うわけないじゃないですか」

財務省関係者の芝居がかった説明に、「財務省一家」の底知れぬ広がりを垣間見た気がした。

「黒田バズーカ2号」があのタイミングで発表されたことについて、その真の意図は消費税増税の環境整備にあったのではないかという疑惑は、今でも関係者の間で燻っている。一つ注目されるのは、バズーカ炸裂のちょうどひと月半前、景気の腰折れ感が出始めた9月15日に黒田が行った会見での発言である。

「増税して景気が落ち込んだら、その時点で財政・金融的な措置をとることが可能だが、仮に先送りによって財政再建に向けた決意、方針に疑念を持たれて国債価格が大きく下がったりすると、財政・金融施策で対応するのが非常に難しくなる」

財務省が谷垣に言わせ、メガバンクの頭取達に言わせたことと全く同じ論理ではないか。やはり、黒田も消費税増税を先送りさせないために、あの時期を選んで「黒田バズーカ2

号」を放ったのだろうか？　２０１６年春になって、ある政府首脳に改めてこの問題を質《ただ》すと、大きな唸り声を上げてこう言った。

「これぱっかりは、本当にわからないんだよ」

　ここまで読むと財務省を省益のためには手段を選ばない唾棄すべき集団のように受け取る方もいるかもしれない。近年のマスコミの集中的な官僚批判もあり、財務省のみならず中央省庁に対する世の視線は厳しさを増している。菅直人は与党時代、街頭演説で「霞が関はバカばっかりなんですよ」とまで言い切ったことがある。しかし、それは事実と異なるばかりか、的外れな指摘である。私は20年以上中央省庁を取材しているが、霞が関には恐ろしく頭のいい官僚や奇想天外なアイディアマンがたくさんいる。国益を守るために人知れず命を削って必死に交渉をしている外交官も、数は多くないが確かにいるのである。キャリア官僚の多くは東大法学部を筆頭とする超一流大学の卒業生である。彼らが外資系の企業に行けば、国家公務員の何倍もの給料がもらえる。それでも官僚を目指す学生は、収入以外の志を持って霞が関の門を叩くのである。いくら政治主導といったって、政治家だけでは１００兆円の予算を組み、１億２０００万人強の民を統べることはできない。官僚がいるからこそ国家が運営できるのであり、彼らをうまく使って初めて政治家は「政治主導」を唱える資格がある。

私は国家公務員の給与を、天下りが必要のないくらい大幅に上げるべきだと思っている。「バカばっかり」と言っている政治家こそ、自分の無能を明かしているのである。

私は財務省幹部にも多くの知り合いがいるが、彼ら一人一人は極めて優秀で非常にまっとうな尊敬すべき人物ばかりである。決して省益しか考えていないわけではない。それどころか、非常に柔軟な思考と変化に対応する能力を持っている。ただ、集団となった時には、まるで軍隊のように一糸乱れず目標に邁進する習性がある。また消費税増税というような大きな課題に直面した時の情報収集力、分析力、行動力は他省庁の追随を許さない。だからこそ、財務省は多くの主要な政治家を籠絡し、懐柔し、恫喝して目的を果たしてきた。しかしそれは一概に批判されるべきことではない。そうした財務省の習性と能力を把握した上で、そのエネルギーを正しい方向に振り向け、国益を追求し実現するのは政治家の仕事なのである。

安倍は消費税を5%から8%に上げる際に、財務省の習性と能力をリアルに体験した。だからこそ、財務省一家の増税圧力が強まれば強まるほど、闘志を燃やした。そしてついに11月12日、安倍は麻生を総理執務室に呼び、人払いをして単刀直入にこう言った。

「消費税増税を先送りし、衆議院を解散にして国民に信を問うつもりです」

麻生は表情を変えずに聞き返した。

「総理、それは私に意見を聞いているのですか？　それとも、総理としての決定を伝えているんですか？」

この時の麻生の口調はいつになく厳しかったという。数々の修羅場をくぐってきた麻生の鬼気迫る圧力を振り払うように安倍はこう続けた。

「決定です」

一拍置いた麻生は、様々な思いを飲み込んで安倍にこう伝えた。

「いろいろ言いたいことはありますが、総理が決めたというならこれ以上私から申し上げることはありません」

財務大臣としての立場を超えて、首相の決断を尊重してくれた麻生に対し、安倍は深々と頭を下げた。

麻生は、うーんと一声大きくうなった後、いつもの砕けた雰囲気に戻ってこう言った。

「官房長官と公明党の山口（那津男）代表には早い段階で伝えなければなりませんね。それから、谷垣幹事長以下党三役にも。ただ、ひとたび総理が解散を口にすれば、一気にマスコミに漏れることを覚悟しなければなりません」

たとえ自らの意見や主張と相容《あいい》れなくても、ひとたび総理大臣が決断したら、それをしっかりとサポートする。宰相という職責の重さを知り尽くした、そして仁義とマナーをモットトーとする麻生ならではの潔さだった。

そして、麻生は最後にこうつけ加えた。

「最も大切なのは、解散を決断した経緯をどう説明するかです。増税を先送りするというだけで解散するという論理が、国民に受け入れられるか。慎重に考える必要があります」

一連の官邸内の経緯をつぶさに見ていた私は、さすがの財務省も今回は増税を断念しただろうと思っていた。ところが、財務省は諦めてはいなかった。麻生の最後の進言「解散をどう説明するか」という、その言葉がカギを握っていた。

最終局面に賭けた財務省

安倍と麻生が膝詰めで解散について話し合った4日後。当時TBSのワシントン支局長だった私は、オバマ大統領も出席するG20サミットをホワイトハウス記者団の一員としてカバーするため、オーストラリアのブリスベンにいた。財務相・中央銀行総裁会議も併せて開かれたため、安倍と麻生も揃ってブリスベンを訪問した。

一連の会議が終わった11月16日の夜、私は安倍に呼ばれて、ブリスベン市内のホテル14階の安倍が宿泊する部屋に向かった。秘書官に案内されて部屋に入ると、私はまずはその狭さに驚いた。私はこれまで幾度となく安倍の外遊先のホテルの部屋を見てきたが、ブリスベンの部屋はこれまでで最も狭く、一国の総理の宿泊施設とは思えないほど安普請だった。オバマ大統領や習近平国家主席が一泊10万～25万円前後のスイートルームに泊まるなか、この部屋は日本円で約2万円。ドアを入って左側の限られたスペースに質素なソファセットが押し込まれ、右側の壁には小さなデスクが作りつけられていた。すぐ奥の暗がりには安倍が休むであろう普通サイズのベッドが見えた。まるで大学入試のために上京した受験生が予約したビジネスホテルみたいだった。安倍はその狭いデスクに向かって原稿らしきものを手直ししていた。

「よぉ、元気そうだね」

「そういう安倍さんも、生気が漲ってますね」

安倍が完全な戦闘モードに入っているのが一目でわかった。

「そりゃ、明日の帰国早々衆議院解散を宣言するんだからね」

戦闘モードに入ると安倍は、早口になる。この日も粗末なソファに座った安倍は、一気に捲《まく》し立てた。

「しかし、財務省っていうのはすごい役所だね。増税実現には手段を選ばないとは思っていたけど、ここまでとはね」

「そもそも財務省と、その息のかかった増税断行論者はアベノミクスのすべてに反対していたんだぜ。ところが、ふたを開けてみれば、アベノミクスでどれだけ税収が上がったか。財政健全化というなら、税収を上げるしかない。消費税を上げたって、トータルの税収が下がったら財政健全化なんかできないんだから」

ここまで一気にしゃべった安倍が、ビールに口をつけた隙をついて、私は口を挟んだ。

「財務省にとっては結局、消費税を上げることが自己目的化しているんでしょうかね？」

「そうは思いたくないけど、そうみられてもしょうがないよね。財務省の反対を押し切ってアベノミクスに着手していなければ、大手企業のいくつかは潰《つぶ》れていたと言う評論家がほとんどだ。ところが、今やトヨタの収益がどのくらい増えたか知っているか？　しかも、俺は消費税を上げないと言っているんじゃなくて、18か月後には増税すると言っているんだ。総理大臣に増税のタイミングまで押しつけようとする財務省の姿勢は、不遜というほかない」

「2年以内に安倍政権を倒しに来るつもりですかね？」

「ははは。そうかもね」

「1997年に大蔵省の言いなりになって消費税を上げた橋龍さんの、晩年のコメントを思い出します」

「『国民に迷惑をかけた』ってやつだよね。前者の轍《てつ》は踏まない。そうでなきゃ、日本経済は潰されちゃうよ」

さらに安倍は興味深いことを言った。

「この間、IMFのラガルド専務理事がわざわざ俺のところに来たんだよ」

アメリカ・ワシントンDCに本拠を置くIMF（国際通貨基金）は、国際金融並びに為替の安定を目的に設置された国連の専門機関である。対をなす世界銀行の総裁をアメリカ出身者が務める代わりに、IMFのトップである専務理事は欧州出身者が務めるのが慣例になっており、現在のラガルド専務理事もフランス出身である。日本はアメリカに次ぐ第2位の出資比率を担っていることから、専務理事に次ぐポストである副専務理事4人のうちの1人は、財務省の財務官OBが務めるのが近年の慣例である。

IMFは折に触れて、各国の財政・金融政策に対して「サーベイランス」といわれる提言を発するが、2010年7月には日本の消費税について「15%が望ましい」とするレポートを発表した。その根拠を「消費増税は当初は成長率を0・5%程度押し下げるが、日本経済への信用度が増すことで海外からの投資は増え、社会保障の充実・安定によって高齢者の消費意欲が向上し、結果として成長率を押し上げる効果が生まれる」と説明した。

このレポートは、民主党政権下で消費税増税がさかんに議論されている時期に出された。そしてその後の議論を経て、2011年に野田政権の税制調査会に、8%から10%という現行の段階的引き上げ案が提出された。IMFのレポートが時期的にも内容的にも財務省の意向にピッタリと寄り添うものであったのは明らかであった。

そのIMFのトップが、今度は安倍に直談判に来たというのである。

「ラガルドがわざわざ俺のところに来るから何かと思えば『国際社会は、日本の消費税が予定通り増税され、財政規律が改善されるものと期待しています』『財政再建路線の上に立ったアベノミクスだからこそ、日本の国債は暴落を免れているのです』って言うんだよ」

私の脳裏には、当時IMFの副専務理事を務めていた篠原尚之の顔が浮かんだ。財務省から派遣されるIMFの副専務理事は、ワシントン支局の経済系の記者に対して定期的に会見や懇談会を開催している。ギリシャ危機など欧州や新興国の経済不安が大きな問題となっていたこともあり、私も時間が許す限り篠原氏が設定する取材機会には顔を出していた。

世界各国の財政・金融政策を監督指導する立場にあるIMFに派遣された財務省OBが、IMFトップを動かして日本の総理大臣に消費税増税を促す。そんなことがあるのだろうか。日本経済へのサーベイランスを見ても、IMFが日本の財務省と歩調を合わせているのは想像に難くないが、トップによる総理への耳打ちとなると次元は変わってくる。私は安倍の話を聞いて、狐《きつね》につままれたような気がするとともに、財務省の増税に向けた執念の一端を垣間見た気もした。

解散宣言のリハーサル

ビールをもう一口飲んだ安倍は、やおら立ち上がって作りつけのデスクに置いてあった原稿用紙をとってきた。

「これ、あさって衆議院を解散する時の会見原稿なんだけどさ、ちょっと聞いてみてよ」

安倍が壁際の机で推敲を重ねていたのは、総理大臣として衆議院の解散を宣言する記者会見の冒頭発言だったのだ。安倍は立ち上がって原稿を読み始めた。

「本年4月より8%の消費税を国民の皆様にご負担いただいております。5%から8%へ3%の引き上げを決断したあの時から、10%へのさらなる引き上げを来年予定通り10月に行うべきかどうか、私はずっと考えてまいりました。……」

安倍は本番さながらに、私に向かって語りかけた。目の前で、現職の総理が解散を宣言している。私はまるで自分が、官邸1階の記者会見室にいるような錯覚にとらわれた。

安倍は原稿を一気に読み上げた。読み終わるまでに私の時計で16分少々かかった。早口にならないように、敢えてゆっくりと冷静に読み進める様子が、逆に安倍の気迫をにじませていた。

「小泉総理の郵政解散の時の会見を思い出しました」

「あれはすごかったよね」

「私も会見場で聞いていましたが、官邸の会見場は小泉さんの気迫で充満していました。あの鬼気迫る会見こそ、郵政民営化法案を参議院で否決されたからといって衆議院を解散するという、一見無理筋な解散を圧勝に導いた原動力でした」

　こうした雑談のなかで、冒頭発言はもう少しコンパクトにした方がいいということになった。よりシンプルで力強い構成にするため、安倍は再度文章に手を入れ始めた。安倍が原稿を一枚一枚めくりながら推敲を重ねているところに、私の携帯が例のけたたましい着信音を鳴らした。携帯の画面を見ると、発信者は麻生だった。

「麻生さんからの電話なんですが、どうしましょうか？」

「おぉ、出てみなよ」

　私は一瞬席を外すかどうか悩んだが、敢えてソファに座ったまま電話に出た。

「麻生太郎です」

「お疲れ様です」

「お前、まだブリスベンにいるんだろ？」

「ちょうど今、麻生さんの逗留先《とうりゅうさき》のノボテルにいますよ」

「13階にいるから飲みに来いよ」

「今ノボテルの13階にいるんですか？」

私は安倍に聞こえるように復唱した。

「わかりました。今ちょっと人と会っているので、すぐ折り返します」

こう言って電話を切った私は、安倍と向き合って正直に尋ねた。

「麻生さんが飲みに来いと言ってるんですが、どうしましょうか？」

安倍は楽しいような困ったような、不思議な表情をしてから、天井を仰いでちょっと考えた。翌朝早くに焦点の7－9月のGDPの速報値が出る。その数字を踏まえた上で、翌日日本に向かう政府専用機の機内で安倍が麻生と協議した末に増税時期を最終決断するという段取りになっていた。しばらく考え込んだ安倍は、

「山ちゃん、ちょうどいいからさ、麻生さんが今何を考えているかちょっと聞いてきてよ」

これは大変なことになったと私は思った。解散と増税をめぐる、総理と財務大臣の腹の探り合いを私に仲介しろというのだ。困った私は、こう提案した。

「解散前夜の伝令役はいくらなんでも荷が重すぎますから、麻生さんをここに呼んで、3人でやりましょうよ」

しかし、安倍は即座に答えた。

「いや、やはり今は、俺はまだ麻生さんと直接会わない方がいい。中身の話をするのは、数字が出てからだ。麻生さんの現段階での考えを聞いてきてよ」

意見が食い違っているからこそ一回の直接会談ですべてを決めたい。安倍の勝負勘であり、麻生に対するマナーでもあった。

私は腹を括《くく》ってこう言った。

「わかりました。ただ、嘘をつくのは嫌なので、今まで安倍さんと一緒だったことは、麻生さんに伝えますよ」

「そうそう、それでいいんだよ。麻生さんは、俺に伝わるつもりで山ちゃんにしゃべるよ」

麻生の論理、安倍の論理

ほろ酔い気分も吹っ飛んだ私は、安倍の部屋を出て、エレベーターで1階下に降りた。エレベーターホールには財務省の旧知の秘書官が待っていた。麻生の部屋に先導しながら、私にクギを刺した。

「麻生大臣は明日早いので、短めでお願いします」

私はカチンときて、こう言った。

「僕は麻生さんに呼ばれたから来たんですよ。麻生さんの邪魔になる前に帰りますよ」

麻生の部屋は、なぜか安倍の部屋より大きいスイートルームだった。レセプションルームの先にもう一つドアがあり、その先の広いリビングルームの奥にしつらえられた応接セットで麻生が葉巻を燻らしていた。財務省幹部と秘書官、新聞のアメリカ特派員など合わせて6人が麻生と歓談していた。

メンバーが顔見知りばかりだったので話題はたわいもない雑談がほとんどだった。一つだけ違和感をおぼえたのは、麻生がいつものようにウイスキーを飲んでいたのに対し、財務省幹部は誰もアルコールに口をつけず、ペットボトルの水を直飲みしていたことだった。

30分ほどすると、財務省幹部の筆頭格が「明日も早いですから、そろそろ」と店じまいを促した。面々は一斉に立ち上がった。私が一瞬ためらっていると、麻生がこう言った。

「おい、ちょっとこっちで話そうか」

麻生の後について隣の部屋に行くと、そこはベッドルームだった。部屋の隅に置かれた、小ぶりな応接セットに座ると、麻生がこう切り出した。

「安倍から話を聞いているか？」

「ここに来るまで、真上の安倍さんの部屋にいました」

「そんなこったろうと思ったよ。安倍さんは、帰国したらすぐ乾坤一擲《けんこんいってき》の解散会見だからな」

「完全に戦闘モードですね。生気が漲っていますよ」

「安倍さんは心身ともに本当に強くなったね。健康を回復したんじゃなくて、別人に生まれ変わったみたいだよ」

麻生はサイドテーブルに置いてあったペットボトルの水をぐいっと飲むと、私に向き直ってこう言った。

「解散はもうしょうがない。総理の安倍が決めたんだから。ただ、解散会見で増税先送りを明言すべきじゃないというのが俺の意見だ」

「そうきたか！　その手があったか！」

さすがの財務省も、もう今回の増税は諦めていただろうと思い込んでいたので、私は驚きがそのまま口をついて出てしまった。

「わかるか？『増税を先送りするから解散する』と言うんじゃなくて、『予定通り増税するか、先送りするかの判断を私に託して欲しい』と言って解散すればいいんだ」

最後まで諦めない財務省のタフさに、もはや感嘆しながらも、私は麻生に反論してみた。

「『判断を委ねて欲しい』というのは、総理が衆議院を解散する理由としては弱くないですか？」

「それを言うなら、そもそも景気条項があるのに、先送りするから解散するっていうのだっておかしいだろうが？ 小泉なんて、参議院で法案が否決されたと言って法案を通した衆議院を解散したんだぜ？ 解散の根拠が希薄でも、選挙には勝てるんだよ」

「そこまでしてでも、増税という選択肢を残すべきですか？」

「財務大臣の俺に、平気な顔してそういう質問をするお前も大した記者だよ。いいか、よく聞け。まず、選挙期間中に出る10月の経済指標は大幅に改善する。これは根拠のある話だ。7－9月についてはいろいろな変動要素があったが、10月は個人消費以外のすべての数字が改善する。あの黒田の施策が即効薬になっているんだよ。しかし、不思議なことに総理大臣には、そういう情報は意外と入らないんだよ」

「総理大臣経験者の麻生さんが言うと説得力がありますね」

「茶化すなよ。でも実際、俺が総理の時もそうだったんだ。明日の（政府専用機の）機内で、安倍に資料を見せて縷々《るる》説明するつもりだ」

こうして麻生は私に対して、消費税を上げる選択肢を残すべき理由を6つ挙げた。

- 10月の経済指標は（個人消費を除いて）一気に回復する。

・中小企業を含め、各レベルですでに消費税増税を前提に動いている。
・先送りしたら、安倍系の財務省幹部某が辞表を出すかもしれない。
・今回上げておけば、軽減税率をやらずに済む。
・IMFのラガルドも「財政再建路線の上でのアベノミクスだから国債が暴落しない」と言っている。ラガルドは安倍にもそう伝えたはずだ。
・18か月の間に何があるかわからない。日本経済が堅調でも、中国や新興国などで何かあれば、消費税を上げることはできなくなる。

私は、ラガルドの部分を聞いて、様々な点と線が一気につながった気がした。ラガルドが安倍に耳打ちした文脈と、麻生が私に述べた内容が全く一緒だったからだ。「財務省の執念」という名前の難しいジグソーパズルが完成したような奇妙な満足感に浸りながら、私は、麻生の説明を黙って聞いた。

麻生は一切資料を見ずに随所に数字をちりばめながら説明した。もともと麻生は数字に強く、説明もうまい。しかし、この時の気迫と説得力は圧巻だった。役人の説明を鵜呑みにしていたのではこうはいかない。麻生本人が信念に基づいて「増税を先送りすべきではない」と考えていることは明白だった。一気に捲し立て、もう一度ペットボトルの水を口に含んだ後、麻生は私にこう言った。

「18か月先送りしたら、その間に何があるかは本当にわからないぞ。俺は安倍を、小泉みたいな『やれる消費税増税をやらなかった総理』にしたくないんだよ」

私は、もし今、増税の是非をテーマにしたディベート大会が開かれたら、麻生が優勝するだろうと思った。もはや私の意見を差し挟むべき時ではないと思ったので、麻生にこう言った。

「よくわかりました。僕はこれから安倍さんの部屋に戻ります。麻生さんの論点を安倍さんに伝えますよ？」

「おお、わかっているよ。正直でよろしい」

「間違えるとシャレにならないので、6つのポイントを復唱させてください」

「ははは。いいよ。いいか、まずは10月の数字、……」

こうして麻生が親切に6つのポイントを私に復習させている時、財務省幹部がノックをしてドアを薄く開け、こう告げた。

「大臣、そろそろ……」

すると麻生は視線も向けずに、手を横に大きく振りながらこう言った。

「まだだ。こいつに大事な話をしているんだ」

麻生は10分くらいかけて、復唱に付き合ってくれた。ようやく記憶した自信がついたので、私はソファから立ち上がってこう言った。

「忘れないうちに安倍さんの部屋に直行して、過不足なく伝えますよ」

「おう。お前から安倍によく通訳しておけ」

「重責だなぁ。酔いがすっかり醒《さ》めちゃいましたよ」

私は6つのポイントを復唱しながら麻生の部屋を辞した。時計を見ると午前0時を回っていた。スイートルームの大きな重い扉を開けて廊下に出ると黒いスーツを着た財務省幹部が4人、それぞれに電話帳みたいに分厚いファイルを何冊か抱えて一列縦隊に並んで待っていた。麻生との最後の戦略会議に臨むために、私がいなくなるのを待っていたのだろう。深夜にもかかわらずじっと整列している男たちの佇《たたず》まいに、またも財務省という役所の強さ、底知れなさを垣間見た気がした。

安倍の「対麻生戦略」

13階の麻生の部屋を出た私は、いったん1階に降りた。セキュリティの観点から、安倍が泊まっている14階には特定のカードキーを差し込まないとエレベーターが止まらない仕組みになっていたからだ。1階に降り立つと、ロビーは照明が落とされ、静まり返っていた。遠くでモップ掛けをしていた黒人の従業員が振り返って怪訝《けげん》そうな顔でこちらを見ていた。私は安倍の携帯を鳴らした。麻生の部屋で1時間半以上過ごしたので、眠っていたらどうしようと思ったが、安倍はすぐに電話に出た。声は淀みなくはっきりとしていた。

「おう、待ってたよ。これから迎えを下に降ろすから」

電話口から、安倍が近くのSPに話しかけているのが聞こえた。

「○○さん、ロビーにさ、ヒゲを生やした怪しげな日本人がいるから、14階に連れてきて。そうそう、山口君。顔わかるでしょ？」

部屋に戻ると、安倍はまだ原稿を推敲していた。

「ずいぶんお待たせしちゃいましたね」

「おう、ずっと飲んでたの？　麻生さんもタフだねぇ。で、どうだった？」

「まず、『解散するにしても、増税先送りを明言すべきでない』というのが、麻生さんの立場です」

安倍は天を仰いでじーっと一点を見つめて、しばらく沈思黙考した後、こう言った。

「じゃあ、解散理由はどうするっていうの？」

「『消費税を増税するタイミングを、総理大臣に託して欲しい』と言って解散すればいいとおっしゃっています」

「それじゃ、衆議院を解散するという理由としては弱くない?」

「それは私もそう言いました。ただ麻生さんには麻生さんなりの論理立てがあるので、明日の専用機ではそれをぶつけてくると思います」

「7―9月の数字がよくないのは麻生さんも予想がついているはずだから、その上での話なんだろうね?」

「そう、それなんです。それについて、麻生さんから伝言を預かっていますよ。忘れないうちに一気にしゃべりますよ」

私はそう言って、麻生の「6つの理由」を一つずつ伝達した。安倍は天井の一点を見つめて、じっと聞いていた。

私の説明が終わるやいなや、安倍はこう尋ねた。

「麻生さんは明日、俺にもその6つを根拠として示すんだろうね」

「そう思います。私が部屋を出たら財務省幹部が麻生さんの部屋の前で門前市をなしていましたから、今そのラインで戦略を詰めていると思います」

「じゃあ、こっちも戦略を立てなきゃね」

ニヤッと笑ってこう言った安倍の表情は、すでに吹っ切れていた。

「最初は俺は聞き役に回った方がいいね。麻生さんは優秀な官僚には全幅の信頼を置くが、言いなりではないからね。財政再建と景気回復に関する麻生さんの考えは、きちんと拝聴しよう」

安倍の口調は、自分に言い聞かせているようだった。

「麻生さんの話が終わったら、俺からまず『お考えはよくわかります。しかし、やはり私としては、先送りを明言した上で信を問うのが大義だと思います』と言い切ってしまおう。そして『麻生さんが副総理兼財務大臣だからこそ、お願いできるんです』『上げないという決断ではなく、18か月後には上げると明言します』と言おう。これは事実だから」

「そうすると麻生さんは、『安倍さんを、上げられる消費税を上げなかった総理にしたくない』と言うと思いますよ」

「なるほど」

安倍はここで少し考え込んだ。そして邪念を振り切るように続けた。

「でも、俺が誠心誠意一生懸命説明すれば、麻生さんなら絶対わかってくれると思うんだよ。『所詮ゼニカネの話じゃないですか。もっと高い目標を目指すためには、麻生さんの力が絶対必要なんです』ってね。これは俺の本心だから。国家観の問題だから」

安倍は吹っ切れたように立ち上がると、こう言った。

「解散原稿、ずいぶんコンパクトになったよ」

私が麻生と話している間に手直しした原稿を、安倍はまた本番さながらに読み始めた。読み終わるまでにかかった時間は、今度は14分を少し超すくらいだった。

「小異を避けて大同につきましょう」という論旨で安倍が盟友の政治家を説得したのは、これが初めてではない。2006年、平沼赳夫が郵政民営化に反対して自民党を離党しようという時、安倍は平沼にこう言ったという。

「憲法改正、教育基本法改正、拉致問題、人権擁護法案。自民党にはあなたの力が必要なのです。それに比べたら、郵政民営化など小さな問題ではありませんか?」

安倍にとってこの言い回しは、国家観を共有し、本当に信頼している政治家への最大の敬いの表現であるとともに、NOと言わせない殺し文句でもあった。

結局7—9月のGDP速報値が巷の予想をはるかに下回る悪い数字だったこともあり、政府専用機の中での安倍と麻生の話し合いは比較的スムーズに決着した。「増税を先送りする代わりに信を問う」という安倍の路線でいくことを麻生が了としたのである。その後は、いつもの安倍と麻生の関係に戻って解散後の戦略と戦術を二人でじっくり練ったという。

私は日本に戻った直後の11月17日に麻生とじっくり話す機会があった。「最後は総理大臣が決める」というのが口癖の麻生は、もう吹っ切れていた。

「勝負は明日の会見だな」

「論理を超えて国民を納得させせられるか」

「郵政解散の時の小泉のように、気迫のこもった演説ができるかどうかで選挙結果は大きく変わる」

きのうまで、増税と解散をめぐって激しく火花を散らした財務大臣・麻生太郎はもうそこにはいなかった。安倍政権を支える政府首脳として、しっかりと安倍を支えるモードに切り替わっていたのである。

翌18日、安倍は官邸で記者会見を行い、「増税を先送りし、信を問うために解散する」と宣言した。冒頭発言は14分半あまり。ブリスベンのホテルの安倍の部屋で私が最後に聞いたスピーチと全く同じものだった。

総理と副総理兼財務大臣が政策で激突した時、何が起こるのか。図らずも二人の部屋を往復し激論の仲立ちをしたことで、私は安倍と麻生の生々しい駆け引きを直接体感した。その関係は、「お友達」でも「不協和音」でもない、永田町の陳腐な形容詞が全く当てはまらないものだった。そして二人の政治家が意見の相違を乗り越えていく際に不可欠なのが、「国家観」であることを痛感した。

吉田の血、岸の血

ブリスベンでの安倍と麻生の激突と調和を目撃してワシントンに戻った私は、自宅の本棚の中から、終戦後の占領期から日米安保改定までの文献を引っ張り出して片っ端から読み漁《あさ》った。戦後の激動期を宰相として向き合った、麻生と安倍の祖父、吉田茂と岸信介の関係をひもといてみたくなったからだ。

吉田茂は前述の通り、敗戦後の経済復興を最重要課題と位置づけ、日本をアメリカを中心とする自由主義陣営の一員に導いた。一方、岸信介の代表的な功績といえば「１９５５年の保守合同」と「１９６０年の日米安保改定」が真っ先に挙げられるだろう。台頭する社会主義に対抗するため保守勢力を糾合したのが保守合同だが、政局的にいえば「反吉田勢力の結集」という側面もあった。１９４６年に初めて総理になってから8年の長きにわたって政界に君臨した吉田を倒すべく、岸が音頭をとって結成されたのが日本民主党であり、結果としてこの政党が１９５４年吉田を総理の座から引きずりおろしたのである。さらに、岸信介のもう一つの功績である「日米安保改定」は、占領期に岸田がアメリカと結んだ日米安全保障条約の不平等性を是正するために、岸が政治生命を懸けて取り組んだものだ。

　すなわち政治家・岸信介は、政局面でも政策面でも「吉田茂的なるもの」を真っ向から否定することで、占領体制の日本を民主的な独立国へと導こうとしたといってよいだろう。こうした経緯からみると、吉田と岸は口もきかない不倶戴天《ふぐたいてん》の敵となっても不思議はない。ところが、岸は総理大臣として、元総理大臣の吉田と交流を続けた。象徴的なのは安保改定に関するエピソードだ。

　1951年、吉田はサンフランシスコ講和条約に署名したのと同じ日に日米安全保障条約にも署名した。その6年後に首相となった岸は、吉田が署名した日米安保条約の不平等性や片務性などを問題視し、首相としての最重要課題の一つとして安保改定を位置づけた。そして、安保改定に向けた重要局面に直面するたび、岸は吉田に意見を聞きに行ったという。幾度となく行われた吉田と岸の極秘会談のほとんどは、永田町の国会議事堂の隣にある国会図書館の一室で行われた。このうち何回かの会談に陪席していた麻生はこう証言する。

「安保改定をしたいという岸の申し出に対して、吉田は即座に『あれは当時はしょうがなかったが、変えなければならない代物だ。憲法と日米安保は、本当は俺が総理のうちに変えたかったんだ』と言っていた。傍から見ると、二人の関係は、政敵というよりは盟友に近かったと思う」

吉田と岸の関係について、大蔵官僚時代に、吉田の右腕といわれた池田勇人が重用した宮澤喜一元首相は次のように述べている。

「岸が吉田に気を遣ったのは、かつて同じ総理の境遇にあった人に対して一種の親近感を持ったためではないか。あの立場でなければ考えられないようなことがあったと思う。その意味で吉田は、（中略）真面目に総理大臣岸信介の話を聞いているに違いないですよ。現総理と元総理の間には不思議な共感のようなものがあるんです」（『岸信介証言録』原彬久編・毎日新聞社）

私はブリスベンで、首相経験者がもう一人の首相経験者に向き合う時に発生する、独特のコミュニケーションを目撃した。そして意見が対立した時にこそ、互いへの敬意とマナーが大きな機能を果たすこともわかった。しかしこれが首相経験者同士だからなせる業なのか、安倍と麻生という特異な経歴を共有する二人でなければ発生しえないものなのかは、さらに取材と分析を重ねなければわからない。はっきりしているのは、安倍と麻生の間に生まれた不思議な絆が、第二次安倍政権の骨格を支えているという点である。

安倍の後を継ぐ次期首相に、麻生のような盟友を見つけろというのは酷な要求だろう。しかし、意見が対立した時に、堂々と議論を戦わせつつ相手に対する敬意を忘れず、リーダーが決断したらノーサイドに徹するという二人のやり方は、国家運営に携わろうとするすべての政治家が大いに参考にすべきだと思う。

第4章　安倍外交——オバマを追い詰めた安倍の意地

安倍外交とは

２０１２年の暮れに総理に再就任した安倍は、翌1月の所信表明演説でまず、3年余りにわたって民主党政権がもたらした外交と安全保障の現状を痛烈に批判した。

「外交政策の基軸がゆらぎ、その足元を見透かすかのように、わが国固有の領土・領海・領空や主権に対する挑発が続く、外交・安全保障の危機……」

そしてその後の関連質疑やマスコミとのインタビューのなかで、安倍政権の外交方針について次の3点を強調した。

- 日米の絆を取り戻す
- 地球儀を俯瞰する外交
- アジア外交強化

こうした安倍の外交政策については、毅然とした外交姿勢と安定感を評価する声がある一方、「中国や韓国との関係を悪化させた」などとの批判も根強い。ここでも安倍外交を支持するのは主に保守勢力で、厳しい批判を寄せるのはリベラル勢力だ。例えば、リベラル勢力が「靖国参拝によって中韓との関係が悪化した」と批判すると、保守勢力は「民主党政権は中韓に宥和的《ゆうわてき》な姿勢を見せ続けたが、外交関係は何一つ改善しなかった」と反論する。

イデオロギーに基づく批判合戦はさておき、民主党政権の中国と韓国に対する外交政策が、両国との関係にどのような変化をもたらしたかは客観的に検証すべきである。まず、中国との関係を見てみると、民主党議員が大挙して北京詣でをしたり、海上保安庁の船に体当たりをした中国漁船の船長を超法規的に釈放したにもかかわらず、歴史問題やレアアース問題、南シナ海と東シナ海の海洋進出などでの中国の覇権主義的な外交が和らぐことはなかった。首脳会談についても、2010年10月にハノイで行うべく調整されていた菅直人首相と温家宝首相による首脳会談が、些細《ささい》なことに難癖をつけた中国に土壇場でキャンセルされるなど、民主党政権は中国に恥をかかされ続けた。

韓国に対しても民主党政権は外国人参政権拡大を掲げたり朝鮮の古文書である朝鮮王朝儀軌を返還したりして、日本側から歩み寄る姿勢を見せ続けたが、その結果起きたのは2012年8月の李明博前大統領（当時）の竹島上陸であり、後に続いた朴槿恵大統領も対日強硬姿勢をさらに強めていったのは周知の事実である。

外交は武器を使わない戦争である。「宥和的なアプローチ」が結果として成果に乏しかったのであれば、「安倍が強硬だから中韓とうまくいかない」という非難に説得力はない。批判するのであれば、具体的な対案を示すべきである。

一方日米関係については、安倍政権になって改善したという評価が大多数であるが、批判もないわけではない。例えば集団的自衛権の行使容認や環太平洋パートナーシップ（ＴＰＰ）、特定秘密保護法などを例に挙げて「対米追従にすぎる」と非難する保守系の論客もいれば、２０１３年12月の靖国参拝の際にアメリカ国務省が「失望」というコメントを発表したことなどを挙げて「日米関係はギクシャクしている」と指摘する外交評論家もいる。

それでは、当の安倍本人は日米関係をどう位置づけ、どう実践しているのか。「対米追従にすぎる」という批判は適切なのか。そしてアメリカ側は安倍政権をどう受け止めているのか。私は２０１３年夏にワシントン支局長として渡米した関係で、安倍のアメリカ外交を日米両サイドから見つめる機会に恵まれた。そこで私が目撃したのは、これまでのどの総理とも違う「狭き道」を選択する安倍の姿だった。

日米関係再定義――安倍邸の応接間に響き渡った「祖父の肉声」

民主党政権時代の日米関係は、表現のしようのないほど悪化していた。特に鳩山政権下では、明確なビジョンと調整のないまま外交方針が迷走し、首脳間の約束が簡単に反故《ほご》にされ、アメリカの苛立ちは頂点に達していた。私は当時、アメリカ政府の複数の担当者が鳩山のことを「Loopy（頭がおかしい）」「Idiot（間抜け）」と吐き捨てるように言うのを何度も聞いた。

こうした壊滅的な状況を受け、安倍は総理になることが確実視されていた2012年の秋以降、日米関係の修復・再構築に向けて準備を開始した。それは、主に「アメリカとどう向き合うか」という安倍政権の対米基本方針画定と、「健全かつ対等に向き合うための環境整備」という自らの足場強化の二つだった。

2012年の年の瀬、一人の男がある録音テープを携えて安倍の東京・富ヶ谷の私邸を訪問した。1957年6月にアメリカ議会で行われた、祖父・岸信介首相の議会演説の肉声テープだった。安倍とごくわずかの側近が、応接間のテーブルを囲むように座り、上に置かれたカセットデッキを見つめていた。その男が再生ボタンを押すと、スースーというテープのノイズを押しのけるように、岸信介の声が朗々と部屋に響き渡った。

「日本が、世界の自由主義国と提携しているのも、民主主義の原則と理想を確信しているからであります」

祖父のアメリカでの議会演説の肉声を聞くのは安倍も初めてだった。安倍が最初に驚いたのは、岸の決然とした声音だったという。演説は3つの柱で構成されていた。

- 日本は、真に民主主義に立脚した強固な政治の基礎を築くため、誇りと固い決意を持って邁進している。
- アジアの最も進歩した工業国である日本は、共産主義者のいう近道によってではなく、経済的、社会的発展を達成しうるという事実を、すでに示してきた。
- 日本は、自由世界の忠実な一員として、特に自由世界が国際共産主義の挑戦を受けているアジアで、有効にして建設的な役割を果たしうると固く信じる。

岸は、米ソの対立が深刻化しつつあった当時の世界状況のなかで、日本が自らの意思で自由主義陣営の一員であることを選択したと宣言し、日米同盟の強化は両国にとっての利益であると訴えた。そして、戦前戦中の日米対立には一切触れなかった。岸は引退後この訪米について、次のように語っている。

「友好親善の日米関係を築くためには、占領時代の滓《かす》みたいなものが両国間に残っていてはいかん。これを一切なくして日米を対等の地位に置く必要がある」（『岸信介証言録』）

岸は訪米に先立ってアジア各国を歴訪し、太平洋戦争の戦禍を乗り越えアジアの盟主として歩んでいく決意を内外にアピールした。また、アメリカの占領が続いていた沖縄問題でも

「潜在主権」は日本にあるという立場を明確にするため、沖縄の民政に対して日本政府からも予算を計上するという実績を作ることにこだわった。これらはすべて、日本が敗戦と占領から脱し、独立国として自らの足で立ち上がっていくことを内外にアピールするための施策だった。「独立国日本」「対等な日米関係」に向けた環境整備に邁進した岸の想いは、連邦議会での演説にも強くにじみ出ていた。

二度目の首相に返り咲く直前というタイミングをとらえてこの肉声テープを安倍に聞かせたのは、首相のスピーチライターを務める谷口智彦内閣審議官である。谷口が日経BP社で雑誌記者をしていた頃、その類稀《たぐいまれ》な英語力に感嘆し彼を当時の麻生外相に推薦したのは、現在駐米大使を務めている外務省の佐々江賢一郎である。スタンフォード大学への留学経験を持ち英語には一家言ある麻生は谷口の能力をすぐに看破し、外務副報道官に起用した。スピーチライティングや広報部門を中心に麻生外交を支えた谷口は、第二次安倍内閣発足を受け内閣官房の内閣審議官に就任する。これ以降、安倍の英語による重要な演説は、例外なく谷口が手掛けている。相手国の文化的歴史的背景を把握した上で、短いセンテンスを紡ぎ合わせて聴衆の心に訴える谷口の原稿は時に格調高く、時に攻撃的だ。

首相に返り咲く安倍が、日米関係の修復に並々ならぬ決意を持っていることを谷口は熟知していた。だからこそ、55年前に行われた祖父・岸信介の議会演説を安倍に聞かせることで、戦後最悪とまでいわれる惨状にあった日米関係を修復するだけでなく、新世代のそのあり方をも規定するような、スケールの大きな演説を作り上げて欲しいと考えたのだ。谷口の狙い通り、祖父の肉声は安倍の心に響いた。このテープを聞き終えた感想について、安倍は後にこう答えた。

「敗戦のわずか12年後とは思えないほど、祖父の演説は独立国としての誇りと自信に満ちていました。そして議会の聴衆も、アメリカとの戦争に突入していった東条内閣の閣僚だった祖父の演説に対し、折に触れて万雷の拍手で応える。それが一度や二度じゃないんですね」

確かに録音テープを確認すると、岸の演説は聴衆の盛大な拍手で少なくとも6回中断している。そして演説の締めくくりで1分近く続く万雷の拍手は、当時の記録をひもとくと、議場総立ちのいわゆるスタンディングオベーション状態だったという。冷戦という時代背景を割り引いても、わずか12年前まで激しくぶつかっていた敵国・日本の首相に対してアメリカ国民が示した敬意と称賛に、安倍は動かされた。

そこで安倍は、総理に返り咲いた暁には、できれば最初の訪問国をアメリカとし連邦議会で演説を行うことで、日米関係の修復を内外に印象づけるべきだと考えた。そして演説で日米の激戦を象徴する硫黄島の戦いについて言及し、日米が過去を乗り越えて新時代を築いていく決意を謳い上げることも決めた。もちろんそこには、歴史問題に拘泥する一部の近隣諸国に対する、安倍の痛烈な批判も込められていた。

「最初の訪問国」に籠めた安倍の思い

安倍はもともと、総理就任後に初めて訪問する国には特別な意味を置いていた。第一次安倍政権で最初に訪問したのは中国である。小泉政権の5年半の間、小泉の靖国参拝を口実に首脳会談を拒絶するなど日中関係は悪化の一途を辿った。小泉政権で官房副長官、幹事長、官房長官を歴任した安倍は政権の終盤になると、冷え切った日中関係について「中国も意地を張るのに疲れている」と読んでいた。そして「首相交代の機会をとらえて中国側が日中首脳会談の実現を切望している」とする複数の情報に触れた安倍は勝負に出た。首相就任が確実視されていた2006年夏、「総理就任後最初の訪問国として中国を選択したい」という意向を伝達したのだ。この極秘の交渉を担ったのが、当時の谷内正太郎外務事務次官である。中国側の反応は安倍の予想通り、非常に前向きだった。中国側が首脳会談を開催したいという強い意向を持っているならば、交渉を日本のペースで進めることができると考えた安倍は、谷内にこう伝えた。

「交渉の結果、日中首脳会談が実現しなくても構わない」

安倍は、日本側がモノ欲しそうな態度をした途端、交渉が中国ペースになってしまうと踏んでいた。特に、小泉の靖国参拝を口実に首脳会談を拒否してきた経緯から、中国側が安倍の訪中を受け入れる条件として「安倍首相が靖国神社に行かないと約束しろ」と言ってくるところまでは、容易に予想ができた。

これまでの日本外交では、こうした局面で交渉担当者は政治家から「何としてでも首脳会談を実現しろ」と命ぜられて交渉に臨むことが多かった。その結果相手国に足元を見られて、外交的敗北を喫するケースが続いた。だから安倍は谷内に「結果的に訪中が実現しなくても構わないから、主張を押し通せ」と指示したのだ。

谷内はなかなかインタビューに応じないことで有名だが、私は2010年9月末、この中国との交渉の内幕を本人から直接聞くことができた。インタビュー会場となった東京・内幸町の谷内の事務所の応接室には、「誠」という大作の書が、立派な額縁に入れられて一番目立つところに飾られていた。中国側の谷内のカウンターパート、戴秉国の手になる作品だった。

谷内によれば、東京で行われた最初の交渉で戴秉国は、いきなり「新総理が靖国に行かないと保証してくれ」と要求してきたという。これに対して谷内は、安倍の指示通り「日本の総理大臣がどこに行くかどこに行かないか、他国から指示される筋合いはない」と主張した。

極秘交渉は冒頭から、両者の深い溝が浮き彫りになる厳しい展開となった。しかしいったん帰国して中国共産党指導部と協議した戴秉国が、交渉を打ち切らず再来日したことで、谷内は「いけるかもしれない」という手応えを感じたという。この時に谷内が用意していたのが、「戦略的互恵関係」という新しいキーワードだった。

谷内は戴秉国に対し「より保守的と思われている安倍政権が生まれれば悪化した日中関係を改善するのは並大抵のことではないと皆が思っているなかで、これまで開かれなかった首脳会談を開けたら日中双方にとって大きなメリットとなる。逆にこの絶好のタイミングを逃したら、関係改善のチャンスは当分やってこない」と説得した。結局、靖国に対する一切の約束をしないまま、谷内と戴秉国は安倍訪中で合意に至った。こうして安倍は2006年10月、総理就任後初の訪問国として中国の土を踏んだ。日本の首相が中国を公式訪問するのは1998年の小渕恵三総理以来8年ぶりだった。

「冷たい男」オバマとどう付き合うか

第一次政権発足時に最初の訪問国として選んだのが、当時最も関係が悪化していた中国だったように、第二次政権発足時に安倍は、戦後最悪の関係に転落したとまで評されたアメリカをターゲットに決めた。「アメリカを最初の訪問国とする」「アメリカでの議会演説を実現させる」という安倍の明確な指示を受け、外務省はさっそくアメリカ側との調整に動いた。

しかし外務省側が日程調整のためにアメリカ側とコンタクトしてみると、返ってくる反応は極めて冷淡なものだったという。「その日は難しい」「そこは日にちが1日しかとれない」などと、事実上の拒絶を繰り返した。そして、「ミッシェル夫人が多忙なので、昭恵夫人の日程に対応できない。来るなら安倍総理のみ」「議会演説は政府ではコントロールできない」などと、木で鼻を括ったような返事ばかりが届いた。

アメリカ大統領は世界一日程を押さえるのが難しいといわれる。しかし、それを割り引いても、アメリカ側の反応は今まででは考えられないくらい「つれない」ものだった。日本側の反応は、次第に「失望」から「苛立ち」へと変質していった。「たとえ断るにしても、ものには言い方があるのではないか」。日米間の調整難航は、一時は感情的対立にまで発展した。外交関係者はこの前代未聞ともいえるアメリカの対応について、二つの観点から分析した。「民主党ファクター」と「オバマファクター」である。

「民主党ファクター」とは、日本の民主党政権時代に冷え切った日米関係が尾を引いているというものだ。確かに、3年余りという長い軋轢は、日米関係に様々な側面でダメージを与えていた。日米関係が悪化し様々なレベルでやり取りが停滞すると、次に影響が及ぶのが人事である。アメリカで、「ジャパン・ハンド」あるいは「ジャパン・ハンドラー」と呼ばれる知日派の影響力が低下し、相対的に中国韓国など他地域の専門家が発言力を増す。特にホワイトハウスや国務省などアメリカ政府部内の日本担当者が関係ない在外公館に派遣されたり、経済セクションに異動になったりする。櫛《くし》の歯が欠けるように質量ともに知日派のマンパワーが尻すぼみとなれば、外交日程の調整にすら大きな支障をきたすようになる。

そしてもう一つ深刻だったのが、「オバマファクター」だった。外交関係者が収集したオバマに関するパーソナルデータにはかなり悲観的な内容が列挙されていた。オバマの世界各国の首脳との関係をめぐってはこんなくだりがあった。

- オバマ大統領が他国の首脳と個人的な信頼関係を築くケースは極めて稀である。
- 史上最悪といわれる米ロ関係は、首脳会談を行うたびに互いの不信感がつのり、もはや修復は難しい。
- イスラエルのネタニヤフ首相、「Special Allies（特別な関係）」と表現されるイギリスのキャメロン首相など、同盟関係を維持してきた国々の首脳との関係も、ギクシャクしている。

さらに興味深いのがオバマの学生時代のエピソードだ。当時交際していた女性から「I love you」と言われた時、オバマはしばらく沈黙した後、「Thank you」と答えたという。オバマの性格分析をしたアメリカのプロファイラーは二つの点に注目した。

- 普通のアメリカ人ならまず間違いなく「I love you, too」と答えるところ、オバマは自分の感情を公表しなかった。
- 求愛されて沈黙した。

ほかにもいくつかのオバマの個人的エピソードを分析した結果、オバマの性格について「打算的」「自己中心的」「ドライ（冷たい）」「ディフェンシブ（身構えている）」という結論が導き出されたという。あらゆることに論理的説明を求め、自分が不利となりかねない情報開示を避けるあまり、打ち解けた雑談や人間的なやり取りも避ける傾向がある。こうした「取っつきにくい」オバマの個性が、長く日米関係に影を落とすことになる。

安倍の戦略

戦後の日米関係において、首脳の関係が「蜜月」とまで表現されたのは、「ロン・ヤス」の中曽根・レーガンと、近年では小泉・ブッシュである。レーガンもブッシュも共和党出身で、陽性でジョークを好む典型的なアメリカ人だった。中曽根、小泉はともに5年前後の長期政権を維持したが、良好な日米関係が政権維持の一助となった。一方、自民党政権とは何となく縁遠い印象のある民主党出身で、「アメリカ人らしからぬ」内省的なオバマと、少なくとも3年間は向き合わなければならないことになった安倍は、各種の情報を聞いた上で、作戦を立てた。

「ロン・ヤスやブッシュ・小泉のような友情関係をオバマに期待するのは難しい。日本側がやるべきことをきちんとこなして、対等に渡り合える関係を構築するしかない」。そう決めた安倍は、首脳としてオバマに向き合う前に片づけておくべき3つの課題を設定した。「ハーグ条約」「防衛費増」「普天間移設」だ。

「ハーグ条約」は、国際結婚が破たんした際の子供の扱いについて取り決めた国際条約で、日本では国内法との整合性などで課題があり批准が遅れていた。さらに、2012年3月、条約承認案は民主党政権下で国会に提出されたが、11月に衆議院が解散されたあおりで廃案となった。一方人権意識の高さをアピールしたいオバマ政権は、日本に対して事あるごとに批准を求めていた。ハーグ条約の先行きが見通せない状況で訪米すれば、オバマに日本への攻撃要素を与えることになる。首脳としてオバマとできるだけ対等に向き合うために、負い目となる要素は可能な限り排除したいと考えた安倍は訪米直前の2013年1月、年度内の批准方針を明確にした。

もう一つは「防衛費の増額」だ。これまで日本は2002年をピークに、それ以降11年間にわたって防衛費を減らし続けていた。「財政再建」「歳出削減」の掛け声のもと、防衛費削減が常態化していたのである。これに対してアメリカ側は、首脳、外相、事務レベルなど様々な機会をとらえて、「中国の海洋進出や北朝鮮の核ミサイル開発に真剣に向き合うつもりがあるのか」として見直しを求めていた。確かに太平洋東辺の安全保障環境は近年激変しており、十全な対応のためには防衛費を上げる必要があったが、一方で防衛費を増やせば「タカ派」というレッテルを張られる。結果としてこれまでの総理は微減という従来方針を踏襲する「安全策」を選択してきた。しかし安倍は対米関係と東アジア情勢、さらに財政という3点のバランスを精査した結果、防衛費を微増させる方針を固めた。

さっそく、副総理兼財務大臣に内定していた麻生太郎に自分の決意を伝えた。首相が「11年ぶりに防衛費を増やす」と言ったら、通常は閣内で最大の抵抗勢力となるのが財務大臣だ。しかし、麻生は総理大臣経験者として安倍の日米関係、そしてオバマと向き合う決意が痛いほどよくわかったので即座に快諾した。この頃、麻生は私にこう漏らしている。

「安倍さんも人を使うのがうまいね」

安倍の思いをくみ取った麻生は予算案の削るところは削り、増やすところは増やして、最終的に0・8％増という絶妙な数字にまとめ上げた。


「普天間基地移設問題」は、ご存じの通り日米関係悪化の直接の原因である。2009年の総選挙の際に、民主党の党首を務めていた鳩山由紀夫が「最低でも県外」と宣言したことで沖縄県名護市の辺野古沖に移設する政府案が水泡に帰した。その後総理となった鳩山は、自らの不用意な発言に縛られて普天間問題で迷走を続けた。アメリカ政府からすれば、米軍基地の移設は巨額の予算と人員再配置を伴う課題だけに、あいまいな対応や事前調整なき変更が一番困るのである。さらに沖縄県側の抵抗が最大のハードルとみていたら、ほかならぬ日本の総理大臣本人が事態をさらに悪化させていく状態をまざまざと見せつけられたため、アメリカの日本政府不信は頂点に達した。

この問題の解決を命じられたのが、菅官房長官である。日米首脳会談までに、目に見える形で普天間基地移設問題を進展させなければならない。菅の動きは素早かった。当時の仲井眞弘多沖縄県知事は県外移設派だったが、菅は知事を合理的な判断ができる人物とみていた。

沖縄県の事情に詳しい与野党政治家、副知事、財界関係者などのネットワークを駆使して情報収集を開始、菅は仲井眞との極秘面会を繰り返した。

そして粘り強い交渉の結果、2013年12月27日、仲井眞は政府の提出した辺野古沖の埋め立て申請を許可した。当時早ければ2014年初頭にも想定されていた安倍訪米を前に、17年間動かなかった問題について、わずか数か月で答えを出したのである。安倍の菅に対する信頼はさらに深まった。

岸信介の戦略的準備

重要な外遊を前に、二国間の懸案を解決したり進展させたりすることによって、首脳会談で優位に立ち、発言力を増す。これを戦後最初に実践したのが、安倍の祖父・岸信介だった。訪米前に岸が最も力を入れたのが、「日本の防衛力整備」と「アジア諸国との関係強化」だった。

岸が訪米前に「やるべきことをやる」と決意したのは、首相になる1年ほど前に、日米の垂直的なやり取りを目撃したからだという。1955年8月、ワシントンで行われた日米外相会談に岸は与党日本民主党の幹事長として同席した。重光葵外相が、「日米安全保障条約が非常に不平等であること、日本側としては条約を対等なものに直したい」と発言した時の、アメリカのダレス国務長官の様子を、岸は後に次のように述懐している。

「日本にそんな力はないではないか」と嚙んで吐き出すように述べ、「一議にも及ばず拒否した」。

岸はダレスの木で鼻を括るような態度に強い憤りをおぼえた一方で、こう考えたという。

「私は、ダレスの言うこともっともだと思いました。日本はやはり自らが自分の国を防衛する建前をもって自立していかなければならないし、防衛力自体を強化していかなければならないと感じました」（『岸信介証言録』）

そして、この屈辱と決意を胸に刻んだ岸は、自らの訪米に先立って、防衛力整備計画を立案、自立した日本への決意を形にした上で、1957年6月にアイゼンハワー大統領と累次にわたる会談を行い、日米安保改定への第一歩を踏み出した。そして、その後の日米の重要な会議体となった「日米合同委員会」の設立を主導したのが、ほかならぬダレス国務長官だったのである。大国と対等に向き合うには、それなりの覚悟と戦略、周到な準備が必要だということを首相になる前から肝に銘じていた岸信介はこの後、重光がダレスに提案した「安保改定」に、自らの政治生命を懸けて挑んでいく。

最初の日米首脳会談

安倍は自らに課した3つの課題、「ハーグ条約批准」「防衛費増」「普天間基地移設問題進展」を訪米前にすべて達成した。その一方で、訪米日程はなかなか固まらなかった。煮え切らないホワイトハウスに痺れを切らした安倍は最初の訪問国をアメリカにすることを諦めて2013年1月、東南アジア各国の歴訪に踏み切った。図らずも、訪米の前にアジア各国を歴訪した祖父・岸信介と同じ順番となった。

この外遊で、安倍は「日本外交新5原則」を発表した。

- 思想、表現、言論の自由――普遍的価値の共有
- 海洋をめぐる法とルールの支配の徹底
- 自由でオープンな経済圏の構築
- アジア各国との文化外交の充実

●若者交流の促進

これは、一義的には東シナ海、南シナ海などで覇権主義的海洋進出を拡大する中国を意識したものだ。しかし、訪米を直前に控えた安倍としては、アジア外交において中国へ軸足を移しかねない危うさを持ったオバマ政権へのけん制の意味も込めたつもりだった。

２０１３年２月、総理就任後２回目の外遊先としてようやく安倍のアメリカ訪問が実現した。しかし、事前の日程調整で見せたアメリカ側の冷めた対応は、安倍訪米の本番でもあまり変わらなかった。共同記者会見も大統領主催の晩さん会も開催されなかったことは象徴的である。このオバマの冷淡な対応は、半年後のシリア情勢をめぐる日米の熾烈な駆け引きの序章だった。

シリア空爆をめぐる安倍vsオバマの暗闘

「慎重に検討した結果、アメリカはシリア政権を標的にした武力攻撃を行う決意をしました」

「非公式には友好国から多くの賛意が伝えられています。しかし、国際社会からアメリカの軍事行動に対する公式な支持を求めたいと思います」

シリア国内に撃ち込まれた化学兵器で子供を含む一般市民がもだえ苦しむ衝撃の映像が世界に配信されてから10日後の2013年8月31日。オバマ大統領は記者会見を開いてシリアへの軍事攻撃を行うと発表し、国際社会に支持と協力を訴えた。日本に対しても、様々な外交ルートを通じて「空爆に着手したら即座に支持を表明して欲しい」という要請が届いていた。

しかし、アメリカにはイラク戦争という前科がある。2003年3月20日、時のブッシュ政権はフセイン政権が大量破壊兵器を所有しているとしてイラクに軍事侵攻した。当時の小泉首相は、攻撃開始の報告を受けたわずか1時間後に会見を開いて、世界に先駆けてブッシュ大統領の開戦を強く支持すると表明した。

「もしも、今後、危険な大量破壊兵器が、危険な独裁者の手に渡ったら、どのような危険な目にあうか、それはアメリカ国民だけではありません。日本人も他人《ひと》ごとではありません」

しかし、その後攻撃の根拠とされた大量破壊兵器は見つからず、イラク戦争は「虚偽の情報に基づく意図的な戦争」として、アメリカ国内と国際社会から激しい批判を浴びた。アメリカの主張を検証もせず鵜呑みにして開戦を支持した小泉も、歴史的な誤りを犯したといえる。

官房副長官としてこの経緯をつぶさに観察していた安倍は後にこう漏らしている。「日本は同じ過ちを二度繰り返すわけにはいかない」。だからオバマの会見を聞いた後も、化学兵器を使ったのがアサド政権であるという明確な証拠が示されない限り、アメリカの武力行使は支持できないと、安倍は判断していた。オバマ会見の3日前の8月28日には、外遊先のカタールで安倍は記者団に対し「シリア国内で化学兵器が使用されたと承知している」「シリア情勢悪化の責任はアサド大統領にある」と発言した。アサド大統領を非難する形をとりながらも、「化学兵器を誰が使ったかは特定されていない」という立場を明確にしたのである。

一方オバマの頭の中にもイラク戦争の教訓があった。武力攻撃を正当化するために、議会と国際社会からの理解と協力を切望していたオバマは、同盟国日本に支持を表明するよう求め続けた。ところが、これまでなら簡単にアメリカの求めに応じてきた日本の首相が今回に限ってなかなか首を縦に振らない。オバマと安倍の緊張感は日増しに高まっていく。

「この状態では支持できないね」

8月下旬の段階でアメリカは同盟国や国際社会に対し、アサド政権が化学兵器を使ったとする根拠について、「アサド政権支配地域から発射された」「反政府勢力は化学兵器を使用する能力がない」「化学兵器はアサド政権側が一元管理していた」などと説明していたが、前の二つは状況証拠に過ぎず、いずれも決定打とはいいがたかった。これに追い打ちをかけるように、8月末になるとアメリカの主要メディアが次々と「シリア国内の化学兵器の一部が行方不明になっている」「反政府勢力に渡った可能性が否定できない」と伝えた。問題を深刻にしていたのは、メディアに情報をリークしたのが複数のアメリカ政府高官だったことだ。

国務省の会見は連日この問題で大いに紛糾した。記者団の質問は大きく二つに集約された。

- シリア国内の化学兵器の一部が行方不明になっているのであれば、国内で化学兵器を使用したのがアサド政権とは断定できないのではないか？
- もはやアメリカが武力攻撃を行う根拠が崩れたのではないか。

アメリカの記者達の厳しい質疑が続いた。ブッシュ政権に続いてオバマ政権まで、不確かな情報を口実に戦争に着手しようとしているのではないか？　記者と国務省報道官との激しいやり取りを聞いていた私は、ニュースの原稿を書く傍らで、安倍にメールを送った。

「一部の化学兵器の行方がわからなくなっているのであれば、化学兵器を使ったのがアサドとは断定できない。こうした状況で、日本政府としては、アメリカの空爆を支持できるのでしょうか？」

安倍の返信は素早かった。

「この状態では空爆は支持できないね」

私はこのメールに、安倍の強い意志を見て取らずにいられなかった。元NSA（アメリカ国家安全保障局）職員、エドワード・スノーデン氏の告発で明らかになったように、アメリカ政府は、世界中のほとんどの地域で電話やメールの通信を根こそぎ傍受する能力を持っている。そして、実際にドイツのメルケル首相やブラジルのルセフ大統領など、同盟国や友好国の首脳の通信まで傍受していたことも暴露された。安倍のメールが傍受されていないという保証はない。それは私も安倍も熟知していたから、「アメリカ政府に読まれてもいい」内容しか、メールでやり取りすることはなかった。

日頃から情報管理には神経をとがらせている安倍が、アメリカ政府に読まれかねないメールという通信手段を使って「この状態では空爆は支持できないね」と発信した真意はどこにあるのか。傍受される前提でオバマ大統領に対して自らの立場を伝えようとしたのだろうか。

実は安倍は以前にも、相手国の諜報《ちょうほう》活動を逆手にとって外交に生かしたことがあった。

2002年9月、小泉純一郎総理の1回目の北朝鮮訪問に、当時官房副長官だった安倍も同行した。ここでの最大の焦点は、北朝鮮側が拉致を認めるかどうかだった。しかし、9月17日午前中に行われた1回目の会談では、金正日は拉致の実行を認めることはなかった。代わりに北朝鮮側からもたらされたのは、横田めぐみさんを含む8人の死亡という、衝撃的な報告だった。

膠着《こうちゃく》状態のまま会談はいったん昼に中断され、小泉と安倍は控室に戻った。北朝鮮が盗聴器を仕掛けていることは周知の事実だったので、空気で膨らまして音を遮断するテントのような防音シェルターを持ち込んでいた。しかし小泉はシェルターには入らず、その代わりテレビの音量を上げて盗聴されないようにしていた。そんななか、安倍がテレビの音声をかき消すような、部屋中に響き渡る声でこう言った。

「北朝鮮が拉致をしたと白状し謝罪しない限り、日朝平壌宣言への調印をすべきではない。(金正日が拉致を)認めて謝罪しないなら、席を立って帰国しましょう」

敢えて盗聴している北朝鮮側に聞こえるような大声を出した安倍の主張を小泉も受け入れ、午後の会談に向かった。

すると、金正日は午前中から態度を一変させた。

「一部の暴動主義者と英雄主義者が拉致を実行した」
「お詫《わ》びしたい。二度と許すことはない」
安倍が盗聴マイクに向かって語りかけた「白状」と「謝罪」という条件に対する、金正日の回答だった。

インターネットやスマートフォン全盛期の現代、世界の外交・安全保障の現場でも、通信傍受が横行していることに疑問の余地はない。特にアメリカ政府は、通信を根こそぎ収集してデータセンターに保管し、後から検索できるようにしていることも明らかになった。暗号化されていない電話やメールはすべて傍受されている前提で行動しなければならない時代が来たのだ。そして、こうした通信傍受を逆手にとって情報戦を仕掛けるというやり方が、北朝鮮での成功体験を経て、安倍の選択肢の一つとなっていることは間違いない。

そしてオバマ大統領の動きも、まるで安倍のメールを読んだかのように素早かった。1日半後の9月3日、オバマから安倍に電話が掛かってきたのだ。

この電話会談でオバマは「アサド側が化学兵器を使った明確な証拠がある」と強調したが、証拠の中身は示さなかった。これに対し安倍は「化学兵器を使用した主体についてはいろいろな情報があると承知している」と述べた。もちろん、一部の化学兵器の行方がわからなくなっていることを念頭に置いた発言だ。

アメリカの大統領が自らの口で「証拠がある」と述べた場合、これまでの日本の多くの総理大臣であれば、大統領直々の発言として、是としただろう。しかし安倍はここでも空爆を支持するとは言わなかった。「イラク戦争の轍を踏まず」と自らに言い聞かせ、オバマ大統領の要求をはねつけたのである。

「Smoking Gun」——ついに「動かぬ証拠」を示したオバマ

しかしオバマは諦めなかった。電話の2日後の9月5日、G20サミットに出席するためにサンクトペテルブルクに到着したオバマが最初にしたことが、安倍との日米首脳会談だった。安倍周辺では、「2月の安倍訪米ではあれだけ勿体《もったい》をつけたくせに、自分が会いたいとなるといつでも会談を要請してくる」という苛立ちの声も上がった。

会談には、日本側からは麻生副総理、外務省の杉山晋輔外務審議官、アメリカ側からはスーザン・ライス大統領補佐官らが加わった。オバマは開口一番、「アサド側が化学兵器を使用した明確な証拠を持っている。空爆を支持して欲しい」と単刀直入に申し入れた。さらにライスも「大統領自ら、明確な証拠があると言っているのだから、同盟国の日本は支持表明してくれるものと信じている」と詰め寄った。

　そこへ麻生副総理が割って入った。「イラク戦争の例がある。明確な証拠開示が支持の条件だ」と突き放した。このやり取りは非常に緊迫したもので、ライスが不快感を露わにする場面もあったという。しかし執拗に食い下がるアメリカ側を突っぱね、安倍は最後まで首を縦に振らないまま会談は終わった。日米首脳の緊張は最高潮に達した。

　会談後「客観的な証拠を示さない限り、日本政府は空爆を支持しない」と判断したライスは、ついに日本に対して機密情報を開示することを決断した。サンクトペテルブルクでのアサド政権非難の共同声明採択まで時間が迫っていたことから、機密情報の運搬には米軍のジェット戦闘機が投入された。ライスの手元に機密情報が届けられた時、安倍は、２０２０年の夏季オリンピックの会場を決めるＩＯＣ（国際オリンピック委員会）総会に出席するため、すでに政府専用機でアルゼンチンに向かっていた。このためライスは、杉山外務審議官に機密情報を示した。それはある瞬間をとらえた映像で、アサド政権が自国民に化学兵器を使ったことが一目でわかるものだった。英語では「Smoking Gun」という表現がある。発射直後の硝煙漂う拳銃というイメージから「動かぬ証拠」という意味で使われる。正に「Smoking Gun」を見せられた杉山は、政府専用機内の安倍に電話を掛けた。杉山の口頭による説明を聞いた安倍は、「アメリカも頑張ったね」と述べて、「アサド政権側が化学兵器を使用した」ことを前提として書かれた共同声明への署名を杉山に許可した。

この共同声明の署名国には、日米に加えて英豪韓など11か国が名前を連ねているが、ドイツは含まれていない。後になって日本側のある外交関係者は、アメリカ側から「ドイツにも開示していない情報を、秘密保護の法整備が不完全な日本に開示した」と恩を着せられたという。「こちらがいくら依頼しても、客観的な証拠を示すまで日本は信じてくれなかった」というアメリカ側の失望の表現ともいえた。

実際この後一定の間、日米関係はギクシャクした。その最たるものが安倍の靖国参拝をめぐるアメリカの反応だった。

「モノ申す外交」とその対価

「イラク戦争の轍は踏まない」と心に誓った安倍は確かに、たび重なるオバマ政権からの圧力を突っぱねて筋を通した。「安倍・麻生」の官邸と、「オバマ・ライス」のホワイトハウスの関係が、「冷たさ」から「亀裂」に悪化したのはこの時期だとみる関係者は少なくない。

機密映像を渋々日本に公開したスーザン・ライスは、2か月余り経った11月20日、ワシントン市内のジョージタウン大学で外交に関する講演を行った。私は会場となった大学の講堂の左後方に陣取り、彼女がアジア外交について何を語るか耳を傾けた。オバマの外遊日程、軍事力のアジア集中など予想された発言が続くなか、中国に触れるくだりで彼女は驚くべき発言を行った。

•中国とは、新しい大国関係を始められないかと考えている。
•TPPの高い水準の合意に参加し、そのメリットを享受したい国はどんな国でも歓迎する。それには中国も含まれる。

特に、中国がかねて主張していた「米中二大国時代」という考え方について、オバマ政権の要人が初めて肯定的かつ突っ込んだ発言をしたことは、多くの外交関係者を驚かせた。そして、講演の多くの時間を米中関係に割いたのに対して、日本に関する言及はほとんどなかった。そもそも中国に傾倒しすぎる可能性が指摘されていたオバマ政権だったが、それ以前にこの露骨な講演内容からは同盟国であるはずの日本への配慮がほとんどうかがえなかった。シリア問題での安倍とオバマの軋轢を知っていたごく一部の関係者の間では、「あの問題がまだ尾を引いているのだろうか」と訝る声が聞かれた。

ちょうど同じ頃、衛藤晟一《せいいち》総理補佐官が訪米した。安倍総理の靖国参拝方針を知っていた数少ない側近の一人だ。アメリカ側も事前に衛藤の人物像を調べた。「衛藤に言えば安倍に直接伝わる」「靖国参拝を思いとどまらせる絶好の機会」と判断、ラッセル国務次官補をはじめ、多くの政府関係者との会談をセットした。一連の会談で衛藤は、「安倍総理が靖国参拝したらアメリカはどう反応するか」と尋ねたという。アメリカ側はこれを聞いて、「安倍側近が今アメリカの反応を探るということは、安倍には参拝しないという選択肢があるはずだ」と判断した。この頃、知日派で知られるアメリカのキャンベル元国務次官補は、私のインタビューに対して、こう答えている。

- 多くの専門家が日本政府側と協議した。
- 日本側、そして安倍総理にも何が正しいアプローチかということについて、我々の考え方を伝えた。
- 私も、（日本政府側に）靖国参拝は控えた方がいいと述べた。

キャンベルのみならず、衛藤と面会した「知日派」の専門家達は異口同音に「今靖国参拝を強行すれば、中国を利するだけだ」と強調した。彼らとしては「日本のことを思うからこその忠告」であり、それを「安倍側近に繰り返し伝えた」つもりだった。そして衛藤とのやり取りを通じて、そのほとんどが、「安倍首相は、早々には靖国に行かないのではないか」と受け止めた。

だから安倍が２０１３年12月26日に靖国神社に参拝すると、アメリカ側は、「あれだけ行くなと忠告したのに無視された」と受け止めた。それがアメリカ国務省が発表したコメントのなかの「disappointed（失望）」という言葉につながっていく。

「失望」という言葉は、同盟国の首脳の行動に対する表現としては、極めて異例だ。安倍訪米、シリア空爆の過程で燻り続けた日米の不協和音は、ここに来て一気に「ホワイトハウスvs官邸」というヘッドクォーター同士の対立に深刻化した。

オバマ大統領は従来「アジア外交に対して定見を持たず、場当たり的な対応ばかりが目立つ」と内外の外交関係者から批判されてきた。実際オバマ大統領の言動を分析した各種資料は、「中東とロシアで手がいっぱいなんだから、東アジアで面倒を起こさないでくれ」というオバマの本音を浮き彫りにしていた。「disappointed」という表現は、ある意味ではオバマの心情を正直に表したものともいえた。

一方安倍にとっては、靖国参拝によって日米関係が一定程度悪化することは想定の範囲内だった。靖国参拝直後、安倍は菅に「よかった、これで落ち着いて仕事ができる」と述べたという。日米関係を重視している安倍は、「靖国後」の改善策も事前に準備していたのである。

靖国後の日米関係改善——多層的なパイプ構築

アメリカ政府で外交の司令塔役を果たすのは、一義的には大統領と国務長官だ。しかしオバマ大統領は内政問題で忙しく、ケリー国務長官は中東問題に力点を置いていた。一方、バイデン副大統領は就任直前まで上院外交委員長を務めていた経緯もあり、オバマ政権の外交上の政策決定に大きく関与していたとみられている。

このバイデン副大統領は、靖国をめぐって二度不快感を露わにしている。一度目は2013年4月。ワシントンで麻生と会談したバイデンは、日韓関係の改善を強く求めた。ところが麻生は日本に帰国したその日に靖国神社に参拝したのだ。これを聞いたバイデンは、声を荒らげて文字通り激怒したという。

そして二度目は7か月余り後の12月3日、日本を訪問したバイデンは、安倍と1時間半にわたって会談した。最大のテーマであるTPPでは激しい議論になった。同席した関係者は、「首脳級会談としては例のないほど激しいやり取りだった」と証言した。

その10日後。韓国訪問を終えたバイデンから安倍宛に電話が掛かってきた。バイデンは、「朴槿恵大統領に『安倍総理は靖国に行かないと思う』と伝えた」と切り出した。驚いた安倍が「靖国参拝は選挙公約。いずれ行くつもりだ」と述べると、バイデンが「総理の行動はすべて総理が判断するものだ」と返した。老獪なバイデンは、朴大統領を引き合いに出して、靖国に行かないよう遠回しに安倍に忠告したものとみられている。

しかし、一方の安倍としては、近々靖国に参拝するという意向を、自らの口ではっきりバイデンに伝えたつもりだった。互いの真意は伝わらないまま、55分間の電話会談は終わった。双方に根本的な誤解が生まれたのはなぜか。外務省幹部は、安倍総理の「いずれ行くつもり」という表現を、バイデンが「すぐには行かない」という意味で受け止めた可能性があるとみている。

その2週間後に安倍が靖国を参拝した。バイデンから見れば、麻生に続いて安倍までも、自分と会談した後時を置かずに靖国に行ったことになる。以後、TPP＋靖国で、二重のわだかまりを蓄積させたバイデンは、安倍批判の急先鋒《きゅうせんぽう》となった。参拝直後、ホワイトハウスが最初に用意したのは、「deeply（深く）disappointed（失望した）」というコメントだった。そこにはバイデンの強い意向があったといわれている。政府内には、「表立って日本を批判すれば中国を利するだけ」という慎重論も根強くあったが、ホワイトハウスの意志は固く、国務省は「deeply」の一語を抜くことしかできなかった。

総理に就任したら必ず靖国参拝すると決めていた安倍は、参拝後日米関係がギクシャクすることも想定した上で、その後の関係修復に向けて戦略を立てていた。それは、官邸とホワイトハウスの連携を強化するための、二つのシステムの構築だ。

一つはいわずと知れた国家安全保障会議の設置である。日本版NSCともいわれるこの組織は、アメリカ・ホワイトハウスの国家安全保障会議（NSC）を模して作っただけに、日本のNSC事務局長は、スーザン・ライスNSC議長と表向き対等のパートナーということになる。そして安倍が最も信頼を寄せる外交官の一人である谷内正太郎元外務次官を初代事務局長に任命した。谷内は、ライスといつでもホットラインで話せる関係となった。

そしてもう一つは、外交を担当する河井克行総理補佐官の任命である。広島県出身の自民党の衆議院議員で外務委員長経験者である河井は、2013年頃から頻繁にアメリカを訪問して議会関係者を中心に人間関係を構築しつつあった。かねて官邸とホワイトハウスのコミュニケーション強化が急務と考えていた安倍は、河井にメッセージを託すことによって、自らの意思をホワイトハウスに直接届けるやり方を思いつく。

河井は第二次安倍政権発足から2016年5月までの3年半の間にワシントンDCを19回訪問しているが、そのたびにホワイトハウスや国務省を訪れて、オバマやバイデンなどを支えるホワイトハウスのスタッフや国務省の日本担当者などと意見交換を重ねた。

このパイプは、2015年4月に実現した安倍のアメリカ連邦議会での演説の事前準備でも一定の機能を果たした。アメリカの副大統領は同時に上院議長を兼務する。さらに、オバマ政権では、議会経験のほとんどないオバマに代わって、連邦議会との対応はバイデンが一手に引き受けている。アメリカ連邦議会で外国首脳が演説するには、上下院の議長の承認が必要となることから、2013年末以降日本への批判的な姿勢を強めていたバイデンが、議会演説実現に向けて障害になる危険性があった。こうしたなかで2014年5月に訪米した河井は、バイデンの側近中の側近であるサリバン副大統領補佐官と面会した。河井は前年4月のバイデン訪日への深い謝意を伝えた上で安倍から託されたバイデン宛の親書を手渡した。そこには、こう書かれていた。

「日米関係に尽力されているサリバン副大統領補佐官と、私の信頼する河井克行議員との間で緊密な意見交換が続けられ、貴副大統領の日米関係に対する理解が深まっていることを非常にうれしく思っています」

そもそも、日本の首相がアメリカの副大統領宛に親書をしたためるということ自体が極めて異例である。さらに、サリバンと河井の名前を挙げて、バイデンに対してさらなる連携強化を求めたのである。バイデンは、オバマと違って議会経験の長いベテラン政治家で、情に厚いところがあると評されている。官邸の関係者は、河井とサリバンという側近同士による親書外交が、バイデンと安倍の一種の「手打ち」の効果を果たしたとみている。

一方、佐々江賢一郎駐米大使もバイデンとのパイプ作りでは大きな役割を果たした。2013年にプライベートな会合でバイデンの親族と知り合い意気投合した佐々江は、妻の信子も巻き込んでバイデン一族と家族ぐるみの付き合いを始めた。信子は大使夫人を務めながら元来の職業である同時通訳も続けており、その語学力と社交性で大いに佐々江を支えている。バイデン一族との交流でも、信子は先方と頻繁に連絡を取り合い個人的な信頼関係を築いていった。これにより、バイデンは日本大使館で佐々江が主催するパーティに顔を出すようになった。佐々江家とバイデン一族の個人的な交流がなければ、官邸とホワイトハウスの関係修復にはもっと時間がかかったものとみられている。

また2015年秋、佐々江の下で働いていた山田重夫公使の帰任時に大使公邸で開かれた内輪のお別れ会に、ライス大統領補佐官の側近であるアブリル・ヘインズ次席補佐官が顔を出して挨拶した。ヘインズはホワイトハウス入りする前はCIAの副長官を務めていた外交・安全保障の専門家で、オバマ大統領の信頼も厚く、ホワイトハウスの外交方針決定に関与する重要人物である。多忙なヘインズが山田のお別れ会に足を運ぶのを見ても、日頃から山田とヘインズが密接に連絡を取り合っていたことがわかる。こうした様々なレベルでの交流が、いざという時に活きてくるのである。

一時期は対日批判に明らかに舵を切ったバイデンだったが、最終的には上院議長として安倍の議会演説に賛成した。肩書を纏った表向きの交渉とは別に、日頃の個人的な付き合いが外交の舞台では重要なカギを握ることが多い。特に「曲げたヘソを元に戻す」というような作業には、顔の見える付き合いが不可欠だ。「NOと言える日本」であるためには、NOと言った後の関係修復にも道筋をつけておかなければならないということである。

岸から安倍へ

岸の議会演説の肉声テープの話に戻ろう。最も安倍の心をとらえたのは、岸の次のフレーズだったという。

「日本が、世界の自由主義国と提携しているのも、民主主義の原則と理想を確信しているからであります」

このフレーズには、「アメリカとの対等な関係を構築する」という岸の強い決意が込められていた。岸は、日本が自らの意思で自由主義陣営に参画することを選び、その責務を果たしていくことを宣言したのである。

58年後の2015年4月。安倍はついに、祖父と同じアメリカ下院の演台に立った。その晴れ舞台で、安倍はまず、日米が戦った不幸な歴史に触れた。硫黄島の激戦である。激戦を闘ったアメリカのスノーデン海兵隊中将と、日本の硫黄島守備隊司令官栗林大将の孫である新藤義孝衆議院議員を紹介した安倍は、こう述べた。

「熾烈に戦い合った敵は、心の紐帯《ちゅうたい》が結ぶ友になりました」

そして、東日本大震災でアメリカが見せた支援に触れながら、安倍は演説をこう締めくくった。

「私たちの同盟を、『希望の同盟』と呼びましょう。アメリカと日本、力を合わせ、世界をもっとはるかによい場所にしていこうではありませんか。希望の同盟――。一緒でなら、きっとできます」

もし安倍が対米盲従型の宰相なのであれば、オバマのシリア空爆をいち早く支持しただろう。そうではないからこそ、時に超大国から寄せられる理不尽な要求に対して「NOと言える」環境を整備し、それによって生じる軋轢や意見対立を乗り越えるために、谷内や河井を配置して日米間の多層的なコミュニケーションルートの強化に取り組んでいるのである。そしてアメリカ側も、シリア空爆や靖国参拝を通じて、安倍が従来の日本の首相とは違う「従順ならざる総理大臣」であると思い知ったはずだ。

その一方で、独立国としての矜持を守るためにオバマに証拠の開示を求め続けた安倍の行動は、今まで誰にも知られることはなかった。内外に自らの功績をアピールする目的でなかったことは明らかである。それなら安倍はなぜ、オバマとの軋轢を覚悟で、敢えて狭き道を選んだのか。その答えを見つけるためには、アメリカへの反発と協調というアンビバレントな視線を持ち続けた岸のＤＮＡがヒントになるだろう。

第5章　新宰相論——安倍を倒すのは誰か

野田聖子出馬騒動で見えてきたもの

安倍は2015年9月の総裁選に無投票当選して3年の任期を手に入れた。永田町の関心は早くも、安倍が3年間の総裁任期を全うできるのか、そしてその後宰相の椅子を引き継ぐのは誰かに移っている。石破、岸田、谷垣といったポスト安倍の有資格者を政府と党の要職に抱き込み、安倍の存在を脅かすライバルの封じ込めに成功している現政権は、当面磐石に見える。

唯一2015年の総裁選で、安倍に牙を剝《む》こうとしたのが、野田聖子だ。結局推薦人20人を集められず勝負の土俵にも上がれなかったが、彼女の推薦人集めの経緯をつぶさに観察することは、安倍に対抗する勢力の現状と、安倍を倒すためには何が必要なのかを検証する材料にはなるだろう。

野田が出馬の意向を最初に強くにじませたのは、総裁選に先立つ7月に行われた講演だった。「無投票だけは避けなければならない」とぶち上げた野田は、ほどなく本格的な推薦人集めに動き出した。彼女が頼りにしたのは、政治の師とされる古賀誠だ。野田は派閥に属しておらず、また党内に知人友人はいても、自らを支えるコアな議員グループを持たないために、古賀の後押しがなければ出馬を検討することすらできなかったとみられている。

よって、野田の推薦人集めは本人による個別議員の一本釣りと、古賀による派閥の領袖クラスへのアプローチという2本立てで行われる形となった。当初から野田の推薦人になる意向を示したのは、尾辻秀久、村上誠一郎、川崎二郎など8人足らずだった。これをタイプ別に分類してみると、

① 反安倍
② 反安保
③ ボスの指示に従った若手

この3種類といえよう。
①は、かねて安倍嫌いを公言するグループで、周囲に対して「安倍政権は来年夏までに終わる」と断言した者もいた。また、安保法案に反対して総務会を途中退席した村上誠一郎は②の代表といえるだろう。③は①か②のいずれかに属する派閥領袖クラスの指示に従った中堅若手議員達だった。結局、野田の推薦人集めは「反安倍」と「反安保」という二つのキーワードを軸に進められたといってよい。

古賀は、地元福岡など配下の議員数人を押さえた上で、各派閥の幹部や若手にまで自ら連絡して推薦人になってくれないかと依頼して回った。かつて古賀が率いた宏池会のある所属議員は、こう証言する。

「古賀さんは、宏池会の若手議員に次から次に電話を掛けて、『宏池会から野田聖子に推薦人を出すことで岸田会長と合意している』と言って勧誘してきたんです」

しかし、岸田外務大臣が率いる宏池会は、早くから派閥として安倍総裁支持を打ち出していた。古賀に声を掛けられた宏池会の議員は、派閥と古賀との板ばさみとなってしまい、たまらず岸田会長に泣きついたという。

「岸田会長が、野田聖子に数人推薦人を出すことで古賀名誉会長と合意しているというのは事実ですか？」

そう問いただすと、岸田からは意外な答えが返ってきたという。

「そういう事実は一切ありません」

温厚な岸田の、時ならぬ強い口調に驚いた若手議員は、

「それなら、もう一度派閥で安倍総裁支持（＝野田に推薦人は出さない）という方針を確認してください」

と岸田に要請した。これを受けて派閥幹部が手分けして全所属議員に電話を掛け、派閥の

方針を再確認したというのだ。この後岸田は、領袖の威信に懸けて派閥の方針徹底に邁進する。

9月第一週の週末が、野田陣営にとって推薦人集めの正念場となった。9月6日日曜日午前にはある派閥の領袖クラスの携帯電話が鳴った。古賀からだった。開口一番古賀は、不自然なまでに明るい声でこう言ったという。

「用意できますかー？」

普通なら何のことかわからない唐突な一言だが、この領袖のところにはそれまでに野田聖子から何度も電話が掛かっていただけに、古賀の言わんとするところは明らかだった。

「派閥の幹部とも相談したんですが、我々は今回は難しいという結論なんですよ」

すると古賀は明るい調子を維持したまま、こう述べたという。

「そうですか。それなら、野田聖子からまた電話が行くと思いますから、はっきりとそう伝えてやってください」

もはや野田の推薦人集めは行き詰まったという観測が急速に広まっていた9月7日月曜日の昼。日本テレビが昼のニュースで「野田陣営、推薦人18人に」というニュースを流した。この段階では野田の推薦人は9人程度とみられていた。「野田陣営は水増しした数字を流布することで、躊躇している数人の議員の背中を押す戦略なのではないか」――永田町の事情通の間では、こう読む声が多く聞かれた。

野田陣営は月曜日午後3時に陣営の事実上の決起集会を設定し、推薦人の上乗せを狙った。宏池会はこれに所属議員が流れるのを防ぐため、1時間前の午後2時に派閥会合を開いて議員を囲い込むことにした。宏池会は、岸田と古賀という新旧領袖の全面対決といっていい展開になっていった。岸田はそれまで毛並みのよさからパワーゲームからは縁遠い印象を持たれがちだったが、この経緯を通じて、自民党内では「岸田はリーダーとして一皮剝けた」と評価する者が少なからずいた。

そして宏池会の外でも、安倍vs反安倍、安保推進派vs反安保派といった政局と政策の様々な対立軸を起点に、多数派工作と切り崩しが同時多発的に展開した。立場を明らかにしていない議員のもとには様々な勢力から電話が掛かり、地元の有力者や支持団体からも圧力がかかった。自民党内には恫喝と泣き落としが交錯し、疑心暗鬼が渦巻いた。

そして8日午前8時。野田聖子は推薦人提出期限に記者会見を行い、出馬断念を発表した。自民党内の反安倍勢力と反安保勢力が、勝負の土俵にも上がることができず安倍の軍門に降《くだ》った瞬間だった。

一連の経緯を検証すると、「総裁選の展開の仕方によっては、安保法の成立が危ぶまれる」という懸念が党内に急速に拡大していたことがわかる。

野田擁立劇の陰の主役だった古賀は2015年5月、月刊誌「世界」のインタビューで、集団的自衛権の行使容認を憲法の解釈変更によって行うことを批判したほか、共産党の機関紙赤旗のインタビューにまで応じるなど、安倍が推し進める安保法制に対して反対の立場を明確にしていた。そして古賀に同調しているとみられた山崎拓も6月12日、日本記者クラブで亀井静香、藤井裕久らと記者会見を開いて安保法案反対を明言した。野田擁立を模索する古賀に近い野中、山崎、亀井といったかつての領袖クラスが異口同音に安保法案反対を主張したことで、野田聖子を支持することは安保法案に反対するに等しいという印象が党内に拡大していった。さらに、総裁選が無投票でなく安倍と野田の一騎打ちとなれば、安保法案の審議時間が足りなくなり最悪の場合廃案になってしまう可能性も指摘されていた。そしてそれこそが古賀らの狙いなのではないかという憶測すら飛び交っていたのだ。

野田と親交があり、古賀から繰り返し勧誘を受けたある議員は、次のように述懐する。

「総裁選そのものは、あった方がいいと思ったんです。しかし、古賀さんは安保法案に反対の人だ。もし自分が推薦人になって総裁選が実施されることになり、そのせいで安保法案が廃案になったら、私は一生『安保法案潰し』の汚名を着せられることになる。それだけはどうしても避けたかったのです」

結局「反安保法案」の掛け声は「反安倍勢力」「総裁選をやった方がいいと考えるグループ」の求心力を生むどころか、「安保法案潰し」の逆臣という烙印を押されかねないという警戒感を党内に拡散させた。これが執行部による党内締めつけのツールとなっていたのである。

一方野田本人は、2014年7月に自民党総務会長として集団的自衛権の閣議決定案を了承しただけに、表立って安保法案反対を唱えることはできない立場にあった。実際9月5日には「反安保を旗印に出馬するわけではない」との発言をしている。裏を返せば、野田支持＝反安保という空気が広まりすぎたために野田は火消しに回らざるをえなかったともいえる。これに対し党内からは「それならば何のために出るんだ」「ただの売名行為には付き合えない」との批判が上がった。

総裁選の争点について野田は2015年4月、毎日新聞の松田喬和のインタビューに対し、次のように答えている。

「安倍総理はこれまでビッグイシュー（大きな政策課題）には直面していないんですね」

安倍はすでに特定秘密保護法案を通し、原発再稼動の方針を打ち出し、集団的自衛権の行使容認、TPPや農協改革、内閣人事局による霞が関改革など、歴代内閣が二の足を踏んできた課題に次々と取り組んでいた。これらが「ビッグイシュー」でないとするならば、野田は課題として何を挙げるのだろうか。野田はこの時期、こだわる政策を尋ねられると、次のように答えていた。

「国会議員の定数削減と女性活用です」

安倍が実際に成し遂げたり取り組んだりしているものと比較して、議員削減と女性活用の方が「ビッグイシュー」であると言われても、ピンとこない人が多いだろう。そして課題が大きいか小さいかという問題以前に、野田の主張からはどのような国家を目指すのかという「総合ビジョン」が見えなかった。自民党が与党第一党である限り、総裁選は日本の総理大臣を決める戦いである。ところが野田が挙げたのは、いわゆる「耳触りのいい」国民受けする政策に過ぎず、「総合的な国家像」とは程遠いものだった。

野田に近い議員からみても、野田が目指す国家像リーダー像は最後までよくわからなかったという。総裁選告示締め切り直前の9月初頭、野田からの電話を受けたある議員は「推薦人になって欲しいと頼まれたが、総理・総裁になったらこういうことがしたいという話は全くなかった」と野田に対する不満を隠さなかった。安倍に近い稲田朋美政調会長は「何を議論するのかが重要だ」と述べ、目指すべき国家像を示さない野田を鋭く批判した。

自民党総裁選の歴史をひもといてみると、権力闘争の最高峰として投票結果に注目が集まりがちだったことは間違いない。もちろん個別の政策論はさかんに議論されたが「誰が勝つか」というパワーゲームに彩りを添える脇役に過ぎないケースが多かった。その時々に注目された個別の政策論争が総裁選の重要なファクターとなった事例はあったが、少なくとも「総合的な国家像」が、総裁選びのファクターとして決定的な意味を持ったことはなかった。しかし今回は違った。野田は「国家像」を示していないと批判され、たった20人の推薦人すら集められなかった。野田本人の力不足という見方ができる一方で、総理・総裁を目指す人物にはこれまでにも増して、より具体的で総合的な国家像を描いてみせることが求められるようになってきたともいえる。

「安保」「特定秘密」「原発再稼動」——不人気法案への姿勢

野田出馬騒動で注目された「反安保」と「国家像」という二つのファクター。ここに今後の政局をみる重要なヒントが隠されている。

これまでの自民党総裁選であれば、マスコミが大きく扱う反安保の動きは、安倍を倒そうとする陣営にとって絶好の追い風であり、推薦人集めのモメンタムとなったはずだ。実際に安保法案に反対の立場から野田を支援した議員は今回もごく少数だが存在したし、古賀もそれを利用しようとした節がある。ところが、結果として反安保の掛け声は求心力を生まなかった。

国論を二分し、反対論が大きくクローズアップされている政策を旗印に掲げても、結果として権力者に冷や汗をかかすことすらできない。類似の状況は反原発運動でも見られた。反原発デモは２０１２年３月に始まり、官邸前の交差点に多くの人が集まるようになっていった。そして6月から7月にかけては10万人規模のデモ隊が国会周辺を埋め尽くしたこともあった。これに飛びついたのが、小沢一郎、亀井静香といったベテラン政治家達だった。

小沢は２０１２年10月、脱原発政策を進めるドイツの視察旅行を敢行した。出発前には小沢事務所の秘書がマスコミ各社の幹部に電話を掛け、同行取材するよう強く働きかけた。政局が喧《かまびす》しい時期に5日間も永田町を留守にし大勢のマスコミを引き連れてドイツまで視察に出た小沢の狙いは、反原発への取り組みをアピールするところにあったといわれている。11月には「卒原発」を掲げる滋賀県の嘉田由紀子知事を代表に担いで新党「日本未来の党」を立ち上げた。同じ時期、亀井静香も反原発に舵を切った。亀井は２０１２年7月、自ら官邸前のデモに参加し反原発の狼煙《のろし》を上げた。9月に安倍が自民党総裁となり次期首相となることが確実視されていた頃、亀井は国会記者会館で記者懇談会を開催した。各社の編集委員クラス20人ほどを前に、亀井は口角泡を飛ばして興奮がちにこう語った。

「連日国会前に集まっている反原発デモをごらんなさい。この流れは止められませんよ。郵政民営化とか年金問題とはぜんぜん違うでしょ？　反原発は、政治のあり方を根本的に変える大きな国民運動になりますよ。私の長い議員生活でも、こんな経験は初めてだ。長い付き合いの安倍君には申し訳ないが、原発推進の立場を改めなければ彼は必ず潰れます」

小沢と亀井は、毀誉《きよ》褒貶《ほうへん》の激しい政治家ではあるが、その鋭い政局観と類稀な行動力で30年にわたって永田町をリードしてきたことは間違いない。最もしぶとく経験豊富なこの二人の政治家が、自らの政治生命を懸けて飛びついた反原発のムーブメントだったが、亀井の予想に反して、原発再稼動の方針を曲げなかった安倍は、反原発運動に潰されることはなかった。逆にこの後、小沢も亀井も永田町での影響力を急速に失っていった。

「小沢も亀井も政局観が衰えた」と揶揄《やゆ》する声もあった。しかし、それだけだろうか。「耳触りのいい政策で国民を釣る」という旧来の日本の政治家の迎合手法が、有権者に通じなくなったのではないか。逆にいえば、「たとえ国民に不人気な法案でも必要と判断すれば果断に実行する」という姿勢が、大衆迎合の言説を凌駕《りょうが》したのではないか。

日本国民はここ10年余り、耳触りのいい政策をぶち上げる政治家に裏切られ続けた。反原発、反安保だけではない。「ガソリン値下げ隊」「最低でも県外」「消費税増税反対」。２００

9年の政権交代前夜から、民主党政権時代に受けた国民の落胆は、耳触りのいい政策そのものへの懐疑心へと変質した。日本の有権者は、たび重なる失望から学習したのだ。少なくとも、有権者はここ数年で、政治家がぶち上げる政策の中身もさることながら、その政策への思いや本気度など、政治家の信念の有無を値踏みするようになったといえる。そして国民の静かな、しかし重要な意識変化によって、永田町の力学も大きく変わりつつあるのだ。

2012年12月、私は安倍の2回目の総理就任後初となるテレビインタビューを行った。官邸の総理応接室で向かい合った安倍は奇跡的に総理に返り咲いたにもかかわらず、極めて淡々と、しかしあらゆる質問に対して淀みなくよくしゃべった。このなかで、私が最も驚いたのが、次の発言だった。

「原発は再稼動します。そして新規建設も視野に入っています」

反原発運動が最大の盛り上がりを見せてからわずか半年。就任早々に支持率を下げかねない発言をした安倍の真意はどこにあったのか。このインタビューの後、安倍は内政・外交の両面で次々と、国論を二分する難しい法案や施策に取り組み続けた。「特定秘密保護法」「原発再稼動」「靖国参拝」「消費税増税」「安全保障法案」。そしてこれらはすべて、マスコミで反対論が大きくクローズアップされ、結果として内閣支持率は下がった。ところが興味深いのは、下げた次の調査で、支持率が毎回持ち直しているのだ。

特定秘密保護法、原発再稼動、集団的自衛権の行使容認といった安倍の打ち出す個別方針は、ほとんどの世論調査で、反対の立場を表明する国民が賛成の人よりも多い。にもかかわらず、内閣支持率は4割から5割前後で高止まりしているのである。

2016年1月に安倍内閣の重要閣僚である甘利明経済再生担当大臣が政治資金などの問題で辞任した直後のマスコミ各社の世論調査では、内閣支持率が大幅に下落するとの大方の予想を裏切って、共同通信で4・3ポイント上がって53・7％、読売新聞が2ポイント上げて56％、毎日ですら8ポイント上がって51％と、軒並み5割を超すという珍現象まで起きている。大臣の辞任ドミノが政権を追い詰めていった第一次安倍内閣の時とは大違いである。

これは何を意味するのか。不人気法案にも果敢に取り組む姿勢に、有権者は宰相としての安倍の「本気度」を見ているのではないか。そもそも筋金入りのリベラル層は「原発」「安保」はもとより、安倍個人や自民党政権そのものを支持しない。しかし、いわゆる中間層や無党派層は、安倍の打ち出すそれぞれの方針や法案には不満があっても、今のところ「安倍さんの本気度に匹敵する政治家が見当たらない」と思っているのではないか。

「国家像」「ポリティカル・アセット」という概念と、貯金の使い道

それでは、安倍が支持率を犠牲にしてまで難しい法案に取り組むのはなぜなのか。支持率という観点から安倍の政権運営を理解するキーワードとして、「ポリティカル・アセット」という表現がある。これはアメリカの政治学で使われる用語で、直訳すれば「政治的資産」、わかりやすくいうなら「総理の貯金」とでも表現すべきものだ。政権発足直後で支持率の高いうちは「政治的資産」が大きいから、思い切った政策を打ち出せる。逆に支持率が低迷している内閣は「政治的資産」が乏しいから、議論の分かれる法案を通すことはできないといわれる。

日本のこれまでの宰相は、往々にして不人気法案を先送りにしてきた。安倍の前に長期政権を担った首相といえば中曽根康弘と小泉純一郎だ。中曽根はマスコミに叩かれた靖国参拝はその後封印し、売上税構想は国民の反発を受けすぐ引っ込めた。小泉は「痛みを伴う改革」を訴えて総理総裁の座をつかんだという意味で登場の仕方は新しかったが、いざ権力を手中にした後は、せっせとポリティカル・アセットの貯金に励み、不人気政策には全くといっていいほど取り組まなかった。郵政民営化という枝葉末節の政治課題で派手な劇場型政治を仕掛けたが、消費税は就任早々に上げない方針を明確にし、限界が来ていた社会保障の抜本改革にも手をつけなかった。外交でも「小泉・ブッシュ関係」といえば聞こえはいいが、日本の宰相としては「最も安楽な」選択肢である対米追従に終始し、結果として問題の多かったイラク戦争に世界で最初に賛成するという失態を犯した。内政でも外交でも政権維持を優先し国民の反発を回避する、いわば「広き道」を選び続け、その対価として5年以上に及ぶ長期政権を維持したのである。

ところが、二度の政権交代を経て、「広き道」を選ぶ政治家に対する有権者の不信感が、日本の政治の風景を変えつつあるのではないか。

東京大学名誉教授で政治学者の北岡伸一は、2015年11月に訪米した際、昨今の国民意識の変化について、次のように語っていた。

「安倍は自らの祖父・岸信介以来滅多に見られなくなった『媚びない政治』を再興しようとしているのではないか。これは安倍独りの力で達成されるものではない。これまで裏切りを続けてきた、『媚びる政治家』への国民の本質的な嫌悪が安倍への静かな追い風となっていることは間違いない」

北岡が政策ブレーンを長く務め、安倍のよき理解者であることを割り引いても、最近の安倍内閣の支持率高止まりへの解説としては、一定の説得力があるといえよう。

それでは、当の安倍はどう考えているのか。総裁選が終わってしばらく経った2015年の秋、久しぶりに富ヶ谷の自宅を訪れた私は、次々と不人気法案に取り組むその真意を尋ねた。

「総理大臣になることや総理大臣であり続けることが重要なのではなく、総理大臣になって何をなすかが重要なんです」

確かに、政権維持が自己目的化している内閣は、「政治的資産の積み上げ」ばかりに精力を傾注し、資産が目減りする不人気政策に取り組もうとはしないだろう。こつこつと貯《た》めた貯金をどう使うか。これは一般国民も直面する課題だ。小泉のように、さらに貯金を続け生活を安定させるか、公共事業に邁進した田中角栄のようにマイホームを建てるか、教育基本法改正に尽力した第一次安倍内閣のように教育に振り向けるか。社会保障改革を謳って消費税増税を断行した野田佳彦のように、老後の介護医療に重点を置くか。

貯金の使い方には人生観が映される。宰相も同じである。そして世界情勢は経済・安全保障の両面において不透明さを増している。だからこそ平成の日本のリーダーは、阿《おもね》ることなく自身の信じる具体的な国家像を示すことが求められている。日本をどういう国にしたいのか、そのために何を是正し何を強化するのか。近隣諸国とどう付き合うのか。明確な国家像があって初めて、貯金の使い道が決まってくる。たとえ不人気法案であっても、全体の国家像のなかで辻褄《つじつま》が合えば、国民の納得を得やすくなる。

この意味において安倍は一貫して「保守政治家」であり、掲げる大目標は簡単にいえば「誇りの持てる国づくり」とまとめられるだろう。安倍にとっては、「強い経済」も「安心できる社会」も、大目標を実現するための方便に過ぎない。

これまでは、安倍のような「保守勢力」に対して「リベラル勢力」がイデオロギー的に対峙してきた。しかし、日本では、リベラルの旗印だけで政権を奪うことができないことは歴史が証明している。55年体制以降、社会党は一度も自民党を倒せないまま衰退した。安保改定反対の風が吹き荒れ安倍の祖父・岸信介が辞任を余儀なくされた直後の総選挙ですら、自民党は圧勝した。ベルリンの壁崩壊から27年、もはや今は右左という色分けすら陳腐になっている。

今のところ安倍のような、国家像を明確に提示するリーダー候補はほかに見当たらない。どういう絵を描くか以前に、絵描きのライバルがいないのだ。安倍の絵のトーンが気に入らなくても、ほかの絵を選ぶ選択肢がないというのが今の日本の政治状況なのである。

それなら安倍を倒す道はおのずから見えてくる。まず、「国家像」という絵を描くことから始めなければなるまい。国家運営の主要分野を網羅し、矛盾やごまかしがあってはいけない。輪郭のはっきりした絵が求められる。そして、これからの時代は、国家像は今までよりも「総合的かつ包括的」であることが求められるだろう。これまでも宰相の重要政策における基本姿勢は、国民の大きな注目を集めた。終戦直後でいえば吉田茂は「全体講和か部分講和か」を問われ、「部分講和」を選択した。岸信介は「日米安保改定」を断行した後、総理を辞した。55年体制後は「大きな政府か小さな政府か」「消費税の是非」など、国論を二分する争点において時の宰相は立場を鮮明にすることを求められた。しかし、イデオロギー対立が政治家をきれいに色分けしていたために、少なくとも自民党に属する宰相は程度の差こそあれ「保守系」に属すると万人が理解していた。だから理想とする国家の全体像を改めて提示することは必ずしも求められていなかったのである。それぞれの宰相は、その時々の個別の重要政策について「是か非か」を示せば、それで事足りていた。

ところが、冷戦構造が崩壊し多極化が進むにつれて、国家が直面する課題は質的に変わりつつある。「金融危機にどう対応するか」「日本社会の閉塞感をどう克服するか」「少子化問題にどう対応するか」「拡大するテロリズムにどう対応するか」。「Yes or No」ではなく、「How」を問われる局面が急増しつつある。日本と世界の未来が不透明性を増している。だからこそ、これからの宰相には、日本が何を目指すべきかを総合的に示すことが求められるのだ。社会保障、安全保障、教育、外交といった個別分野で方針を明確にすることはもちろん、それらを一つの大きなキャンバスに描いて大きな国家像を見せることが求められるのである。

安倍の描く絵は「誇りの持てる国づくり」をキーワードに、内政も外交も一貫して同じ色合いで描かれており、極めてシンプルである。好むと好まざるとにかかわらず、わかりやすさにおいては群を抜いている（わかりやすい分、反発する者も少なくない。「アベ政治を許さない」といった掛け声に代表される、リベラル勢力の安倍政権に対する感情的かつ苛烈な攻撃の根底には、安倍の描く国家像に対する生理的嫌悪が見え隠れしている）。

安倍の絵の欠点を取り除き、より魅力的に改善するのか。あるいは全く違う絵の具を使って全く異なるトーンの絵を描くのか。いずれにしても、「国民が納得する大きな絵」を自らの言動と矛盾なく描き切ることができるか。この高いハードルを越えた者だけが、ポスト安倍に名乗りを上げ、次世代の本格政権を興す候補者たりうるのである。

あとがきにかえて

「最も総理にしてはいけない人物」
「安倍は人間じゃない。叩き切ってやる」

これらは酔客の戯言《ざれごと》ではない。れっきとしたテレビキャスターや大学教授による、公の場での安倍に対する発言である。一方、保守層のなかには「安倍以外に総理を任せられる人物はいない」とか、「戦後最も実績を挙げた総理」などという最大限の賛辞を贈る人もいる。立場の左右を超えて、これほど評価が分かれる首相はほかにはいないだろう。そして、安倍への評価は、ポジティブなものもネガティブなものも極めて感情的である。

一般人の感想ならまだしも、もしジャーナリストや学者を名乗る人物が「最も総理にしてはいけない」と断定するなら、根拠を示す必要がある。一国の宰相とはどういう仕事であり、どのような人物が適しているのかという点について見解を表明した上で、対象となる政治家の人格について客観的事実を示し、適不適を評定するのが責任ある発言者の態度だといえよう。これができないのであれば単に感情的に批判していることは明らかであり、その論評はジャーナリズムにもアカデミズムにも属さないといわざるをえない。

「アベ政治を許さない」と主張する人の話を聞いてみても、アベもアベ政治も知らないケースが多い。イデオロギーや好悪に基づいて感情的にアベを嫌い、印象論でレッテルを張り、戦略的にアベを貶めようとする人がほとんどだ。現代日本においてカタカナは、主に外来のものや見慣れないものを表現する際に使われる。「アベ政治を許さない」という人々の、安倍知らずを如実に表しているともいえる。

それでは、まっとうな有権者が、「食わず嫌い」や「贔屓《ひいき》の引き倒し」を避け、冷静に政治家の資質を見極めるにはどうしたらいいのだろうか？　国民の多くは生の政治家に触れる機会はほとんどない。新聞やテレビのニュース、政治関連の雑誌や書籍、あるいはインターネットでの発信などを通じて、政治家の素性を類推するしかないのである。だから政治家と直《じか》に接触する政治記者には、有権者に対して政治家の人格・品性・能力に関する客観的情報を提供することが期待される。

私が本書で示したかったのは、安倍晋三という人物、麻生太郎という人物、菅義偉という人物が、政治の重要な局面でどう発言し、どう行動したのかという客観的事実である。総理大臣とはどういう仕事なのか。私が体験し目撃した事実を公表することで、読者が「日本という国で、平成という時代に、総理大臣を務めるべきはどういう人物か」を考える材料としてくれたら、これ以上の喜びはない。

私は26年にわたる記者人生を通じて多くの政治家と深く付き合ってきた。自民党のみならず、民進党やほかの野党に所属する何人かの政治家とも同様の付き合いがある。そして彼らと政局を語り合ったり、重要政策の立案段階で意見交換したりするなかで、時に政局の重大局面で私自身が一定の役割を果たすことすらある。こうした政治記者の活動に対して「取材対象に近すぎる」と批判する声があることもよく知っている。しかし、本編で繰り返し言及したように、政治のど真ん中に突っ込まなければ、権力の中枢で何が起きているか見えないのも事実である。他方、権力の中枢で目撃したものを公表せず闇に葬るなら、それはジャーナリズムではない。スイカは外から見ているだけでは、内がどんな色かわからない。スイカを割れば色はわかるが味はわからない。食べて初めて味がわかり、その人の栄養となり、たまには腹を下すこともあるだろう。スイカを見て割って食べた顚末を他人に伝えて初めて、その一連の作業がジャーナリズムというジャンルに属するのである。

現代では、インターネットが記者をかつての特権的地位から引きずりおろそうとしている。スイカを傍から見ているだけの情報には、もはや何の価値もない。一般的情報ならネット検索でいくらでも手に入るからだ。価値があるとすれば、今そこにあるスイカがうまいかまずいかというような、実体験に基づく信頼できる個別具体的な情報だ。政治取材も同じである。今やほとんどすべての記者会見はパソコンさえあればどこでもリアルタイムで見られる時代である。政治家本人もマスコミの取材を待たずにインターネットでさかんに発信する。多種多様な政治情報が記者の手を借りずとも瞬時に手に入る時代なのである。もはや、生の政治家に触れられるという点こそ、政治記者が有する最後の特権といっても過言ではない。それでも政治家に肉薄しない政治記者は、震災現場に行かずに震災の記事を書く社会部記者と変わらない。

一方で、私は親しい政治家を称揚するために事実を曲げたり捏造したりしたことは一度もない。それはジャーナリストの仕事ではないからだ。そして特定の政治家を根拠なく誹謗するのも、ジャーナリズムに属する作業ではない。取材現場は誘惑に満ちている。提灯記事を喜ぶ政治家に食い込むために、一線を越えてしまう記者もいないとはいえない。あるいは、自らが理想とする社会状況に誘導するために、敵対する政策や政治家を根拠なく一方的に誹誇するキャスターも散見される。こうしたジャーナリズムの一線を越えてしまいそうな局面で、本当のジャーナリストが自らの支えとするのは「事実に殉じる」という内なる覚悟だ。だからこそ記者という仕事には矜持が求められる。

夏目漱石の門下生に小宮豊隆という文学者がいる。漱石全集の編纂《へんさん》に携わるなど、戦前から戦後にかけての漱石研究をリードした人物で、漱石が求道者として悩み抜いた末、「則天去私」という悟りの境地に達したとの立場をとったことで有名である。一方で、こうした小宮の主張は、漱石を神格化しすぎだとして「漱石神社の神主」などと揶揄された。そして1955年に江藤淳が「夏目漱石」を書いて、小宮の「則天去私論」と真っ向から対立する漱石像を描くと、江藤の視点に支持が多く集まるようになり、小宮の則天去私論は次第に忘れられつつある。

敢えていえば、小宮は漱石に「近すぎた」ために、漱石という文学的巨人の実像をつかみ損ねたのかもしれない。

それでは、小宮は夏目漱石研究において単なる徒花《あだばな》だったのだろうか。私はそうは思わない。漱石がいつどういう状況でどの小説を書き、何を語り何を食べていたのか。漱石と同じ時代を生きた小宮をはじめとする多くの門下生が遺した漱石の様々な記録がなければ、江藤淳もあの優れた論文を書くことはできなかったはずだ。

小宮の評論は次第に忘れ去られても、生の漱石に肉薄したその記録は今後の漱石研究の貴重な礎となる。対象に肉薄した記録がない限り、正確な評論などできないのである。小宮が亡くなったのは１９６６年5月３日。私が生まれる前日である。図らずもジャーナリストの機能も果たした小宮に敬意を表して、私はこれからも取材対象に近づくことを恐れず、かといって独善的な視点に陥らないよう自らを戒めながら、取材を続けていくつもりである。

解　説――「人たらし」の笑顔と凄味

新谷　学

ふたつのエピソードから始めたい。

まずは私にとって苦い思い出から。

2007年9月12日、安倍晋三総理は辞意を表明した。月刊『文藝春秋』編集部で政治担当のデスクをしていた私は、2日前の夜、安倍氏の秘書と側近議員と会食をしていた。そこに安倍氏から電話が入った。側近議員は安倍氏にその日行われた所信表明演説がよかったと伝え、私たちに向かって「総理、大丈夫そうだ」と言った。それもあって、飛び交っていた体調不良説はさほど深刻なものではないと受け止めていた私は大きな衝撃を受けた。

その日から私の任務は、安倍氏本人が辞任の真相を明かす「手記」を取ることになった。

依頼の手紙を安倍氏本人はもちろん、何度か一緒に飲んだことがある昭恵夫人にも書いた。「会見では辞任の理由もはっきり説明できていなかったし、何より国民への謝罪が不十分だと思います」ストレートに訴えかけた。結果的に11月中旬から12月のはじめにかけて、富ヶ谷の自宅で3回にわたりインタビューを行い、手記にまとめた。安倍氏は手記の中で、自らが難病指定されている潰瘍性大腸炎に苦しんでいたことを初めて明かした。総理自ら辞任の理由を詳らかにした大スクープだ。あとは翌年1月10日の雑誌発売を待つばかりだった。

ところがその年の暮れ、安倍氏は突然TBSのインタビューを受けて、辞任にいたる葛藤について率直に語ったのだ。それが辞任後、初のメディアへの登場だった。

第一次安倍政権当時、政治記者の間で「イチ・ロク・サン」を知らない人間は素人扱いされた。安倍氏に深く食い込んでいる記者たちを指す隠語だった。イチはNHKの女性記者。サンは産経新聞のふたりの男性記者。そしてロクがTBSの山口敬之氏だった。私はイチとサンとは面識があったが、山口さんのことは名前しか知らなかった。そのロクに出し抜かれたわけだ。悔しかったなんてもんじゃない。その時から、「山口敬之」は、私にとって忘れられない名前となった。

時は流れて、次に私が彼の名前を聞いたのは、『週刊文春』編集長に就任して丸4年、2

015年春のことだった。あるディープなネタ元から電話があった。

「TBSワシントン支局長の山口さんが、ベトナム戦争当時、韓国軍にも慰安婦がいたことをアメリカの公文書館に通って調べ上げた。ところがTBSは韓国政府の反応を気にしているのか、オンエアしようとしないんだ。週刊文春なら記事にできるんじゃないか」

山口さんのジャーナリストとしての実力を思い知っていた私は「やりたいです」と即答し、すぐにワシントンに電話をかけた。山口さんときちんと話したのは、それが初めてだった。取材の成果をつぶさに聞き、さらにそれを補完するために週刊文春の英語が堪能な記者をベトナムに飛ばすことを決めた。その上で私は最も肝心なことを訊いた。

「山口さんはTBSの社員だから、会社に許可なく週刊文春に記事を書いたらまずいでしょう。匿名にしますか？」

山口さんはこう答えた。

「会社にはちゃんと届け出はします。ただし許可が出るかはわかりません。それでも私は実名で書きます。このテーマを自分の名前で世に問うことができなければ、ジャーナリストをやっている意味がありません」

彼が執筆してくれた記事は、ジャーナリストとしての矜持を存分に示すスクープだった。だが、記事が掲載されたことで、山口さんはTBSから出勤停止処分を受け、報道局から口ーカル営業部という部署に異動させられた。私は記事の打ち上げを兼ねた会食の席で彼に詫びた。山口さんは「記事を発表する場所を提供してくれたことにむしろ感謝しています」と答えた。その笑顔は屈託がなく、爽やかだった。私は申し訳ないと思いつつ、その笑顔に数の政治家の懐に飛び込む「人たらし」の一端を見る思いだった。

そしてTBS退社後に山口さんが最初に書いた本が『総理』である。一気に読んだ。正直な感想は「よくここまで書いたな」だった。第二次安倍政権の真髄は、安倍総理、麻生太郎副総理、菅義偉官房長官の絶妙なトライアングルにある。その三人の極めてセンシティブな関係をこれ以上ないほど、生々しく描いているのだ。

私は月刊『文藝春秋』時代、「赤坂太郎」という政治コラムを担当していた。そこで常に目指していたのは、「まるでその場にいるかのように、見てきたかのようにリアルに書く」ことだ。ところが、山口さんは、「実際にその場にいて、見ている」のだ。それを実名で書き切っている。リアルなことこの上ない。しかも山口さんによれば、「安倍さんにも、麻生さんにも、菅さんにも、原稿は見せていないし、書いていいかも訊いていない」という。その思い切りのよさの裏には、揺るぎない信頼関係への自信も感じられた。

ジャーナリストの中には山口さんのことを、「御用記者だ」と批判する人物もいる。それは私に言わせれば、まったくナンセンスだ。政治記者にとって、総理大臣ほど強力なネタ元はいない。ありとあらゆる国家機密が彼のもとに集まってくる。食い込む努力をするのは当然のことだ。会食の機会があれば進んで参加すべきだと思う。そうした努力もせずに、いわば安全地帯から、「総理と会食して権力に取り込まれている」などと罵るのは愚の骨頂だ。問題なのは、政治家に食い込み、仲良くなることが目的化してしまった記者だ。癒着した結果、書くべき事実をつかんでも、政治家に気兼ねして書けなくなってしまう。

「親しき仲にもスキャンダル」――私は常々現場の記者たちにこう檄を飛ばしている。政治家に食い込み、親しくなることは大切だが、相手について書くべきスキャンダルをつかめば、迷わず書く。週刊誌記者という仕事にはその覚悟が求められるのだ。

もちろん、週刊誌記者と山口さんの仕事をまったく同列で論じることはできない。取材対象との付き合い方の深さや間合いが違う。週刊誌記者なら、親しい政治家のスキャンダルを書いて、その結果、相手に関係を切られたとしても、仕方ないと諦めるしかない。実際、私自身も何人もの政治家と近づいたり離れたりを繰り返している。それに対して山口さんは、おそらく、書く時期や書き方に細心の注意を払っているはずだ。だからこそ多くの政治家と継続的な人間関係を維持できているのだ。

ただし、この『総理』において、山口さんのそうした配慮はまるで感じられない。権力者たちの息吹が間近に感じられるほど、徹底的にディテールを書き込んでいる。そこに彼のプロフェッショナルとしての凄味を感じる。

政治を書くとは、人間を書くということだ。政治家ほど人間臭い職業はない。頭がいい人間は、いい政策を考えることができる。だが、その政策を実現していくためには、頭がいいだけではダメなのだ。それを泥臭く粘り強く形にしていくのが政治だ。したがって政治家としての資質を見極めるためには、その全人像を検証しなければならない。

『戦後政治家論』という1954年に刊行された本がある。筆者は東京日日新聞（現在の毎日新聞）主筆やNHK会長などを歴任した阿部眞之助氏。吉田茂や石橋湛山、岸信介といった政治家の人物論なのだが、中でも保守合同の立役者となった三木武吉のくだりが面白い。阿部氏はこれでもかというくらいに三木の女性スキャンダルを書き連ねている。その理由を阿部氏はこう記している。

〈これは、私がスキャンダルを好んでバクロする悪趣味によるものではない。彼から女話を取り去るなら、三木という人間の半分しか語らないことになるからだ。女に対する態度が、すなわち彼の政治に対する態度でもあるからだ〉

そうした視点からも『総理』は興味深い。特に私が注目したのは、安倍氏がいかに情にもろいか、という点である。盟友・中川昭一氏への弔辞を読むとき、安倍氏の手が震えていることを山口氏は見逃さなかった。山口氏にそれを指摘された安倍氏はこう答えている。

「実は途中で何かこみ上げてきてね……。政治家として、人前で泣くのは失格だと思ってこれまでやってきたから」

東日本大震災の被災地へ一緒に慰問に行った際の安倍氏と少女との交流もそうだ。そこで描かれている安倍氏の姿は驚くほどセンチメンタルだ。日頃、安倍氏に「冷血な独裁者」というレッテルを貼っている人たちからすると意外な素顔だと言えよう。

だが、これこそが「政治家・安倍晋三」の本質だと私は思うのだ。こうした優しさが周囲の人間を惹きつける一方で、情に流されて失敗することも少なくない。遠巻きに見ていてはわからないが、この「情にもろい」人間性は安倍氏にとって諸刃の剣なのだ。敵対する相手には容赦しないが、すり寄ってくる人間にはどうしても点数が甘くなる。

第二次政権発足後、私は阿川佐和子氏の対談の取材で、久しぶりに官邸で安倍氏に会った。そこで辞任後の失意の日々の中、安倍氏が反省の言葉を綴ったという「安倍ノート」について訊いた。「ノートに書いた中で、安倍さんが最も肝に銘じている言葉はなんですか？」

安倍氏は即答した。「人事において情に流されないことです」。

政治史の大きな流れの中で、安倍一強政権を検証する際、至近距離から「政治家・安倍晋三」そして「人間・安倍晋三」を観察し、記録し続けている山口氏の仕事が大きな意味を持つことは言うまでもない。

――『週刊文春』編集長

この作品は二〇一六年六月小社より刊行されたものです。

総理《そうり》

山口《やまぐち》敬《のり》之《ゆき》

平成29年4月15日　初版発行

発行人――石原正康
編集人――袖山満一子
発行所――株式会社幻冬舎
〒151-0051東京都渋谷区千駄ヶ谷4-9-7
電話　03(5411)6222(営業)
　　　03(5411)6211(編集)
振替00120-8-767643
印刷・製本―中央精版印刷株式会社
装丁者――高橋雅之

幻冬舎文庫

ISBN978-4-344-42602-3　C0195　や-38-1

幻冬舎ホームページアドレス　http://www.gentosha.co.jp/
この本に関するご意見・ご感想をメールでお寄せいただく場合は、
comment@gentosha.co.jpまで。